나는 글씨를 바르게 쓰며 마음도 바르게 세우는

☐ 입니다.

### 오현선 지음

대학원에서 독서 논술을 전공하고, 독서교육 전문가로 25년째 활동하고 있습니다.
독서 교실을 운영하며 어린이들과 매일 읽고 쓰고요,
도서관과 학교에서 양육자님들을 만나며 독서교육의 참 가치를 전달해 드립니다.
네이버 카페 '라온북다움'을 통해 전국의 어린이들과 읽기, 쓰기도 함께하고 있어요.
지은 책으로 《초등 미니 논술 일력 365》,《하루 10분 초등 신문》,《술술 글쓰기 마법책 1~3》,
《뚝딱! 미니 논술》,《초등 완성 생각정리 독서법》,《초등 짧은 글＋긴 글 3단계 완주 독후감 쓰기》,
《공부 잘하는 아이는 읽기머리가 다릅니다》,《똑 부러지게 핵심을 말하는 아이》 등이 있습니다.

**유튜브** 라온쌤의 독서교육 TV ㅣ 라온쌤 글쓰기
**블로그** 오쌤의 독서교육 이야기 blog.naver.com/few24
**인스타그램** @raon_book_teacher
**네이버카페** 라온북다움 cafe.naver.com/laonbookdaoom

### 양소이 그림

대학에서 디지털아트를 전공하고, 지금은 어린이책에 그림을 그리고 있습니다.
어린이들에게 따스함을 전하는 그림을 그리면서 행복을 느낍니다.
쓰고 그린 책으로 《꽃이 온다》, 그린 책으로 《무지개 줄넘기》,《블링블링 어글리 랜드》 등이 있어요.

마음 힘이 자라는 말 따라 쓰며
## 초등 예쁜 글씨 만들기

# 바른 글씨
# 마음 글씨

오현선 지음  양소이 그림

파스텔하우스

## 글씨를 바르게 쓰며
## 내 마음과 생각도 바르게 세워요!

아침에 눈을 떠서 잠자기 전까지 주고받은 말과 글을 떠올려 보세요.
가족, 친구들과 온종일 말로 대화하고, 책과 영상에서 많은 글을 읽고,
메모나 신청서 등 직접 글을 쓰기도 해요.
이처럼 매일 다른 사람과 소통하려면 말과 글이 꼭 필요하지요.

그런데 직접 글을 쓸 때는 주의할 점이 하나 있어요.
글씨를 바르게 써야 내 생각과 마음을 잘 전할 수 있다는 거예요.
글씨가 바르지 않아 다른 사람이 못 알아본다면 불편하겠지요?
무엇을 썼는지 이해하는 데 시간이 오래 걸리고, 오해가 생길 수도 있어요.
여러분이 쓰는 글씨가 바르고 예뻐야 하는 이유예요.

이 책으로 글씨를 바르고 예쁘게 쓸 수 있게 연습해 봐요.
소중한 단어, 힘이 나는 문장, 마음이 따뜻해지는 글을 모았으니
찬찬히 읽고 한 자 한 자 바르게 따라 써요. 글씨가 좋아지는 것은 물론이고,
따뜻하고 좋은 글의 의미까지 내 마음에 새길 수 있지요.
이런 것을 '필사'라고도 해요.

선생님과 함께 하루 10분씩 30일 동안 날마다 써 봐요.
예쁜 글씨, 좋은 생각, 반짝반짝 자신감과 희망, 모두 가지게 될 거예요.

지은이 오현선

## 이 책을 잘 활용하는 법

▶ **이 책은 초등학생 누구나 해 볼 수 있어요**

내 글씨가 예쁘지 않다면 예쁘게 쓰기 위해 할 수 있고요, 그렇지 않더라도 좋은 글을 쓰면서 마음이 튼튼한 어린이가 되고 싶을 때 활용해도 돼요.

▶ **책을 빨리 끝내겠다는 마음으로 한다면 아무 의미가 없어요**

글씨를 많이 쓰기보다 조금이라도 잘 쓰는 것이 중요해요. 하루 분량을 다 못하더라도 '빨리'가 아니라 '잘' 쓰겠다는 마음을 가져요.

▶ **조금씩 매일 쓰기로 약속해요**

첫째, 하루 중 가장 편안한 시간 10분을 마련해서 딱 30일만 매일매일 써 봐요. 둘째, 가장 아끼는 필기도구를 준비해요. 소중한 내 글씨를 위해서만 사용하는 거예요!

▶ **쓰기 전에 내 자세부터 점검해요**

쓰기 전에 바르게 앉고, 연필도 바르게 잡아요. 글씨 쓰기가 아직 서툴거나 처음이라면 색연필이나 4B 연필처럼 심이 굵은 것으로 쓰는 게 좋아요. 실력이 늘면 HB 연필처럼 심이 가는 것으로 필기도구를 바꾸면서 써 봐요.

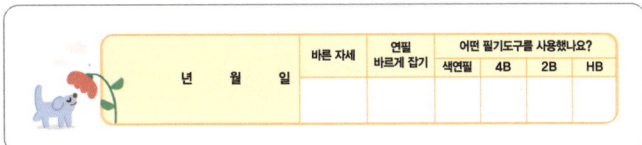

▶ **연습할 때 나 자신을 응원해요**

같은 글씨를 반복해 쓰다 보면 힘들 때도 있을 거예요. 중간중간 응원의 글을 보면서 잠시 쉬고, 다시 도전해 봐요.

# ★ 차례

머리말　2
이 책을 잘 활용하는 법　3

## 1장　바른 글씨 쓰기 준비

1일　바르게 앉기, 바르게 잡기　8
2일　손 힘 기르기　14
3일　자음 획순에 맞춰 쓰기　20
4일　모음 획순에 맞춰 쓰기　24

## 2장　획순에 맞추어 글씨 쓰기

5일　세로형 모음 글자 쓰기　30
6일　가로형/복잡한 모음 글자 쓰기　34
7일　받침이 있는 글자 쓰기　38
8일　겹받침이 있는 글자 쓰기　42

## 3장　문장 부호, 숫자, 알파벳 쓰기

9일　문장 부호 쓰기　48
10일　알파벳 쓰기　52
11일　숫자, 연산 기호 쓰기　56

## 4장 마음 힘이 자라는 말 따라 쓰기

| 12일 | 소중한 이름 쓰기 | 62 |
| 13일 | 나의 가치 말 쓰기 | 66 |
| 14일 | 좋아하는 책 제목 쓰기 | 70 |
| 15일 | 버킷 리스트 쓰기 | 74 |
| 16일 | 나에게 힘을 주는 말 쓰기 | 78 |
| 17일 | 나를 지키는 말 쓰기 | 82 |
| 18일 | 다른 사람에게 힘을 주는 말 쓰기 | 86 |
| 19일 | 감사하는 말 쓰기 | 90 |
| 20일 | 책 속 문장 필사하기 | 94 |
| 21일 | 책 속 대사 필사하기 | 98 |

## 5장 학교에서 자주 쓰는 글 따라 쓰기

| 22일 | 원고지 쓰기 | 104 |
| 23일 | 독서록, 일기 쓰기 | 110 |
| 24일 | 알리고 안내하는 글 쓰기 | 114 |
| 25일 | 선거 포스터, 자기소개 쓰기 | 118 |
| 26일 | 손 편지 쓰기 | 122 |

## 6장 나를 사랑하고 응원하는 글 필사하기

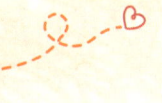

| 27일 | 나를 사랑하는 글 | 128 |
| 28일 | 친구 관계를 응원하는 글 | 132 |
| 29일 | 감정을 위로하는 글 | 136 |
| 30일 | 자신감을 북돋우는 글 | 140 |

최고로 멋진 글씨로 쓰고, 오려서 전시해 보세요!

# 1장
# 바른 글씨 쓰기 준비

글씨는 왜 바르게 써야 할까요? 이유부터 알아봐요.
그래야 바르게 쓰고 싶어지니까요.
글씨를 바르게 쓸 수 있는 몸의 자세,
필기도구도 알려 줄게요.
그다음, 손에 힘을 기르는 연습을 하고
한글의 자음과 모음을 쓰는 순서를 익혀요!

| 1일 | 바르게 앉기, 바르게 잡기 |
| 2일 | 손 힘 기르기 |
| 3일 | 자음 획순에 맞춰 쓰기 |
| 4일 | 모음 획순에 맞춰 쓰기 |

#  바르게 앉기, 바르게 잡기

## 글씨 쓸 때 왜 바르게 앉아야 해요?

뜨거운 국물을 다리를 꼬고 뜨면 어떻게 될까요? 못질을 누워서 하면요? 불편하고 위험할 거예요. 글씨를 쓸 때도 마찬가지예요. 바르지 못한 자세로 쓰면 예쁘게 써지지 않을 뿐더러 허리와 목이 아프고, 눈이 나빠질 수도 있지요.

자세는 습관이 되면 고치기 쉽지 않으니, 처음부터 바르게 앉아서 글씨를 쓰는 연습을 해 봐요.

## 내 자세 돌아보기

어떤 자세로 글씨를 쓰고 있나요? 내 자세가 그렇다면 ○, 그렇지 않다면 X에 표시해요.

| 1 | 나는 발이 땅에 닿는 책상과 의자를 사용합니다. | ○ | X |
|---|---|---|---|
| 2 | 나는 회전의자가 아닌 고정 의자를 사용합니다. | ○ | X |
| 3 | 나는 책상과 몸 사이의 간격을 약 10센티미터 정도 띄우고 앉습니다. | ○ | X |
| 4 | 나는 엉덩이를 의자 뒤에 붙이고 앉습니다. | ○ | X |
| 5 | 나는 허리를 곧게 펴고 앉습니다. | ○ | X |
| 6 | 나는 바닥에 엎드려서 글씨를 쓰지 않습니다. | ○ | X |
| 7 | 나는 다리를 꼬고 앉거나 흔들지 않습니다. | ○ | X |
| 8 | 나는 눈과 공책과의 거리를 30~45센티미터 정도로 둡니다. | ○ | X |
| 9 | 나는 한 손으로 턱을 괴지 않습니다. | ○ | X |
| 10 | 나는 글씨를 쓰지 않는 손으로 공책을 가볍게 누르고 씁니다. | ○ | X |

○이 몇 개인가요? ☐ 개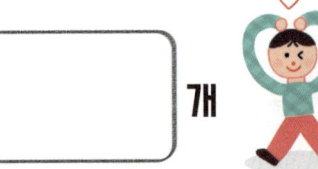

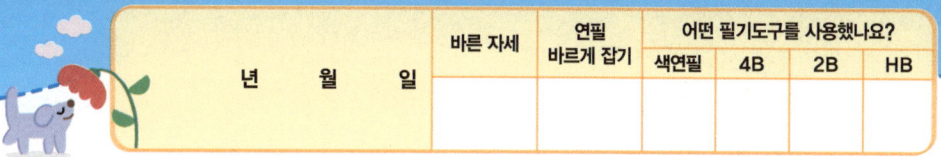

| 년 월 일 | 바른 자세 | 연필 바르게 잡기 | 어떤 필기도구를 사용했나요? | | | |
|---|---|---|---|---|---|---|
| | | | 색연필 | 4B | 2B | HB |
| | | | | | | |

## 바른 자세로 앉기
빈칸에 알맞은 말을 채우고, 바른 자세로 앉아요.

① ___과 책상의 간격은 약 10센티미터 정도로 띄우고 앉아요.

② ___과 공책과의 거리는 30~45센티미터 정도로 해요. 눈은 연필 끝을 바라봐요.

③ ___를 곧게 펴고 엉덩이를 의자 뒤에 붙여요.

④ ___으로 턱을 괴지 않아요. 글씨를 쓸 때 흔들리지 않도록 공책을 가볍게 눌러요.

⑤ ___는 가지런히 모아서 앉고 꼬거나 흔들지 않아요.

⑥ ___이 땅에 닿는 책상과 의자를 써요. 몸이 흔들리지 않게 의자는 회전의자보다 고정 의자가 좋아요.

정답 ① 몸 ② 눈 ③ 허리 ④ 손 ⑤ 다리 ⑥ 발

## 연필은 왜 바르게 잡아야 해요?

연필을 잘못 잡으면 손이 피곤해서 글씨를 오래 쓰기 어려워요. 또 너무 꽉 잡고 쓰면 손이 아프고, 너무 약하게 잡으면 글자가 흐릿하게 써져서 알아보기 힘들 수 있지요.
글씨 쓰는 게 힘들다고 느낀 적이 있다면, 먼저 연필을 제대로 잡고 있는지 살펴보세요.

### 내 손에 대해 알기

내 손가락의 이름을 알아봐요. 보기를 보고 각각의 이름을 써 보세요.

보기: 약손가락, 집게손가락, 엄지손가락, 새끼손가락, 가운뎃손가락

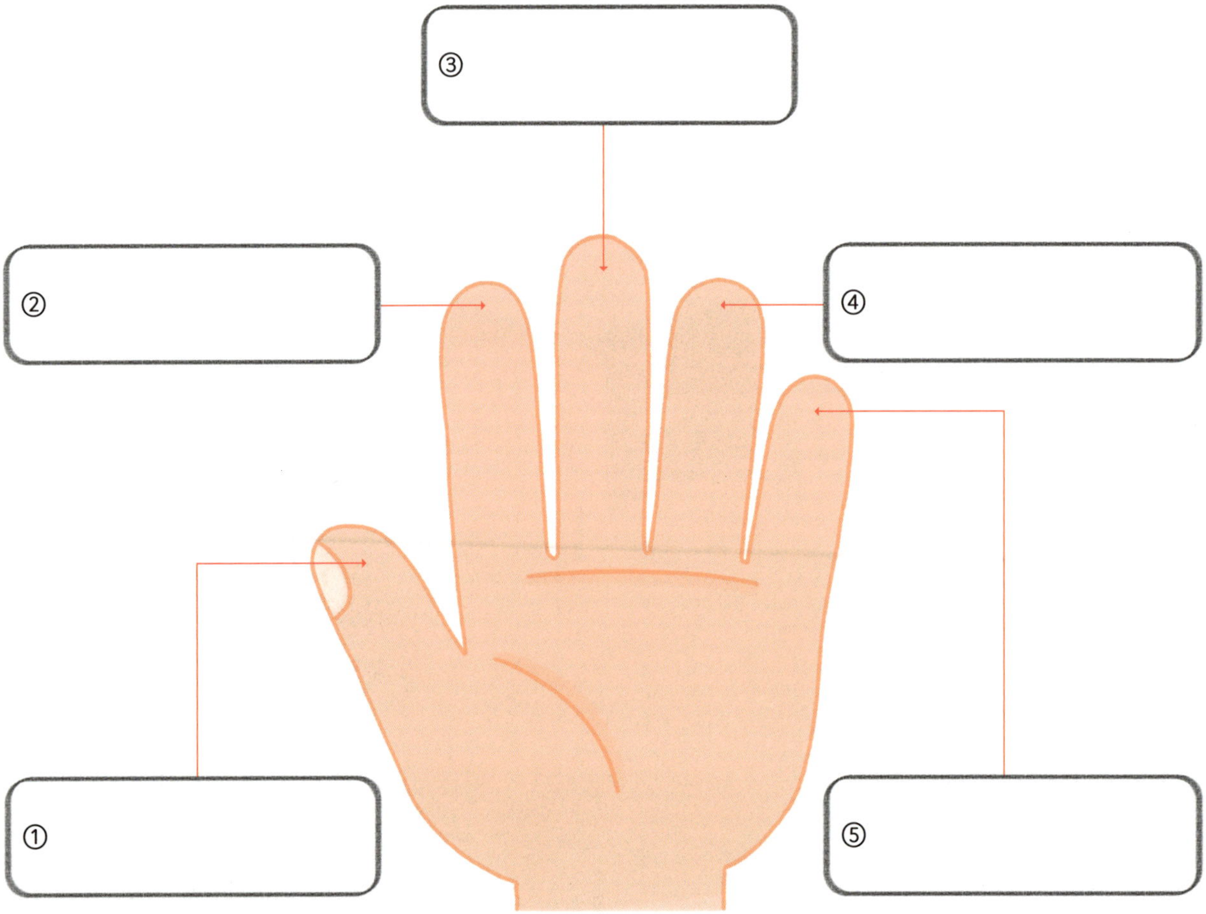

정답 ① 엄지손가락 ② 집게손가락 ③ 가운뎃손가락 ④ 약손가락 ⑤ 새끼손가락

## 연필 바르게 잡기

연필을 바르게 잡는 법을 배워요. 왼손잡이와 오른손잡이 모두 방식은 같아요.

① **엄지손가락**과 ② **집게손가락**으로 연필심에서 2~3센티미터 정도 떨어진 곳을 가볍게 잡아요.

③ **가운뎃손가락**으로는 연필을 받쳐 줘요.

연필은 약 60~70도 기울기로 잡아요. 직각으로 세우면 힘이 많이 들어가고, 너무 눕히면 글씨가 잘 써지지 않아요.

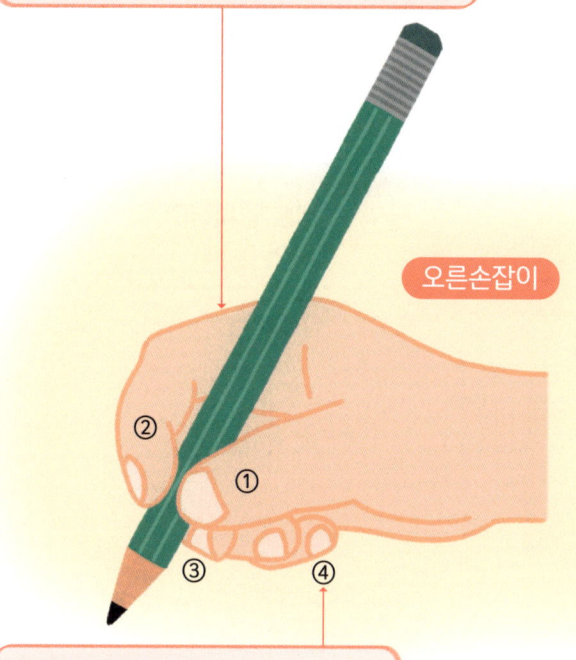

오른손잡이    왼손잡이

④ **새끼손가락**은 바닥에 가볍게 대요. 연필을 잡은 손가락만 움직여 글씨를 써요.

왼손잡이면 쓴 글씨 위로 손이 지나가기 때문에 덜 번지는 필기도구로 쓰는 게 좋아요. 쓴 글씨 위에 손이 있어서 바로 보기 힘드니까 글씨가 바른지 종종 확인하며 써요.

연필을 바르게 잡고 내 이름을 천천히 써 보세요.

 내 이름은 ☐ 입니다.

## 글씨 연습에 좋은 필기도구

글씨 연습은 색연필이나 연필로 시작하는 것이 좋아요. 샤프는 심이 잘 부러져서 바른 글씨를 쓰기 어려워요. 볼펜은 미끄러지는 느낌이 나서 역시 또박또박 써지지 않아요. 그래서 심이 적당히 굵고 미끄러지는 느낌이 덜한 색연필과 연필을 추천한답니다.

## 연필의 단계

B 앞의 숫자가 클수록 연필심이 굵고 진해요. 글씨가 아직 서툴다면 굵은 심으로 시작하고 글씨가 잘 써진다는 생각이 들 때 연필 단계를 바꿔요. 연필의 생김새도 동그란 것보다 삼각, 육각 등 각진 것이 손에 감기듯 잘 잡혀요. 연필심은 너무 뾰족하게 깎지 않아야 편하게 쓸 수 있어요.

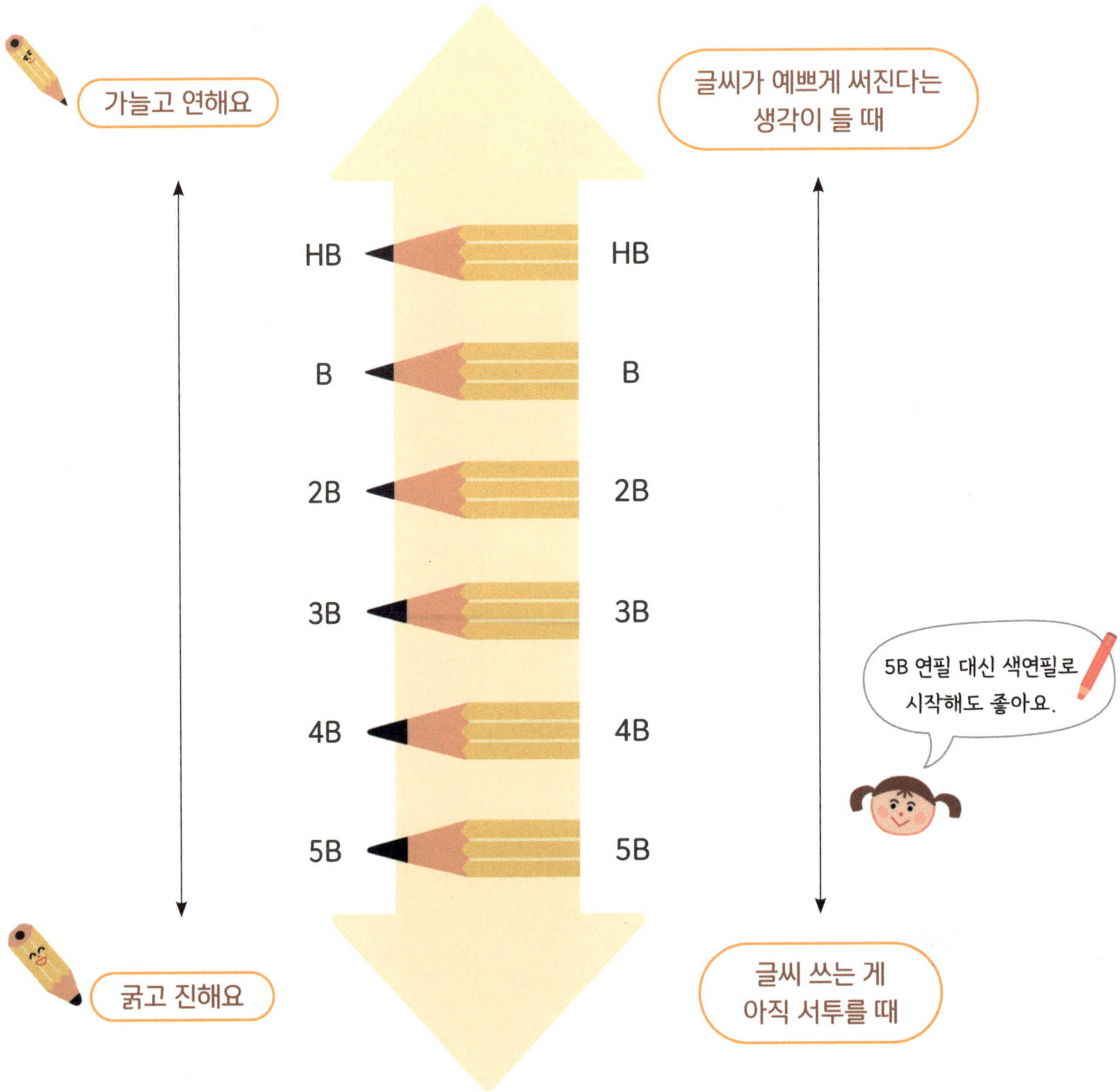

가늘고 연해요

글씨가 예쁘게 써진다는 생각이 들 때

HB　　HB
B　　B
2B　　2B
3B　　3B
4B　　4B
5B　　5B

5B 연필 대신 색연필로 시작해도 좋아요.

굵고 진해요

글씨 쓰는 게 아직 서투를 때

## 글씨는 왜 바르게 써야 해요?

글씨를 바르게 쓰지 않으면 불편한 일이 생길 수 있기 때문이에요. 여러분도 혹시 글씨를 바르게 쓰지 않아 불편했던 적이 있나요? 글씨를 꼭 바르게 써야 할지 맨 아래에는 스스로 생각해 써 보세요.

### 글씨를 바르게 쓰지 않아 생긴 일

엄마 아빠가 집에 남긴 쪽지 글씨를 읽을 수 없었어요. 두 분 다 전화도 안 받으셔서 걱정했어요.

오래전 내 일기장을 발견했어요. 하지만 글씨를 아무렇게나 써서 내용을 읽을 수 없었어요.

숙제하려고 알림장을 펼쳤어요. 그런데 글씨가 엉망이라 해야 할 일을 읽을 수가 없었어요.

시험지에 글씨를 바르게 쓰지 않아서, 맞는 답인데 선생님께서 틀렸다고 표시하셨어요.

 친구가 나에게 편지를 주었는데, 글씨를 알아볼 수 없어요. 친구에게 뭐라고 할까요? 글씨를 바르게 써야 하는 이유를 말해 주세요.

# 2일 손 힘 기르기

손에 힘이 없다면 공을 멀리 던질 수 있을까요? 젓가락질을 잘할 수 있을까요? 제대로 할 수 없을 거예요. 글씨 쓰기도 같아요. 손에 힘이 있어야 예쁘게 완성할 수 있지요. 그러니까 먼저 손의 힘을 기르도록 선 긋는 연습을 해 봐요.

**가로선 똑바로 그리기**
가로선을 똑바로 그어서 사다리를 타고 올라가게 해 주세요.

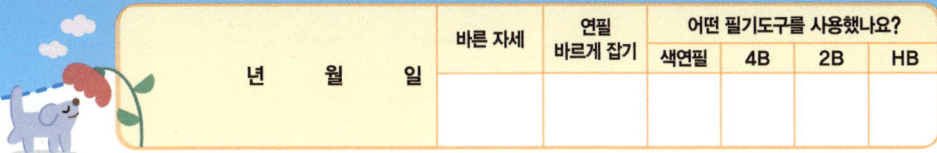

## 세로선 똑바로 그리기
세로선을 똑바로 그어서 해바라기가 쑥쑥 자라게 해 주세요.

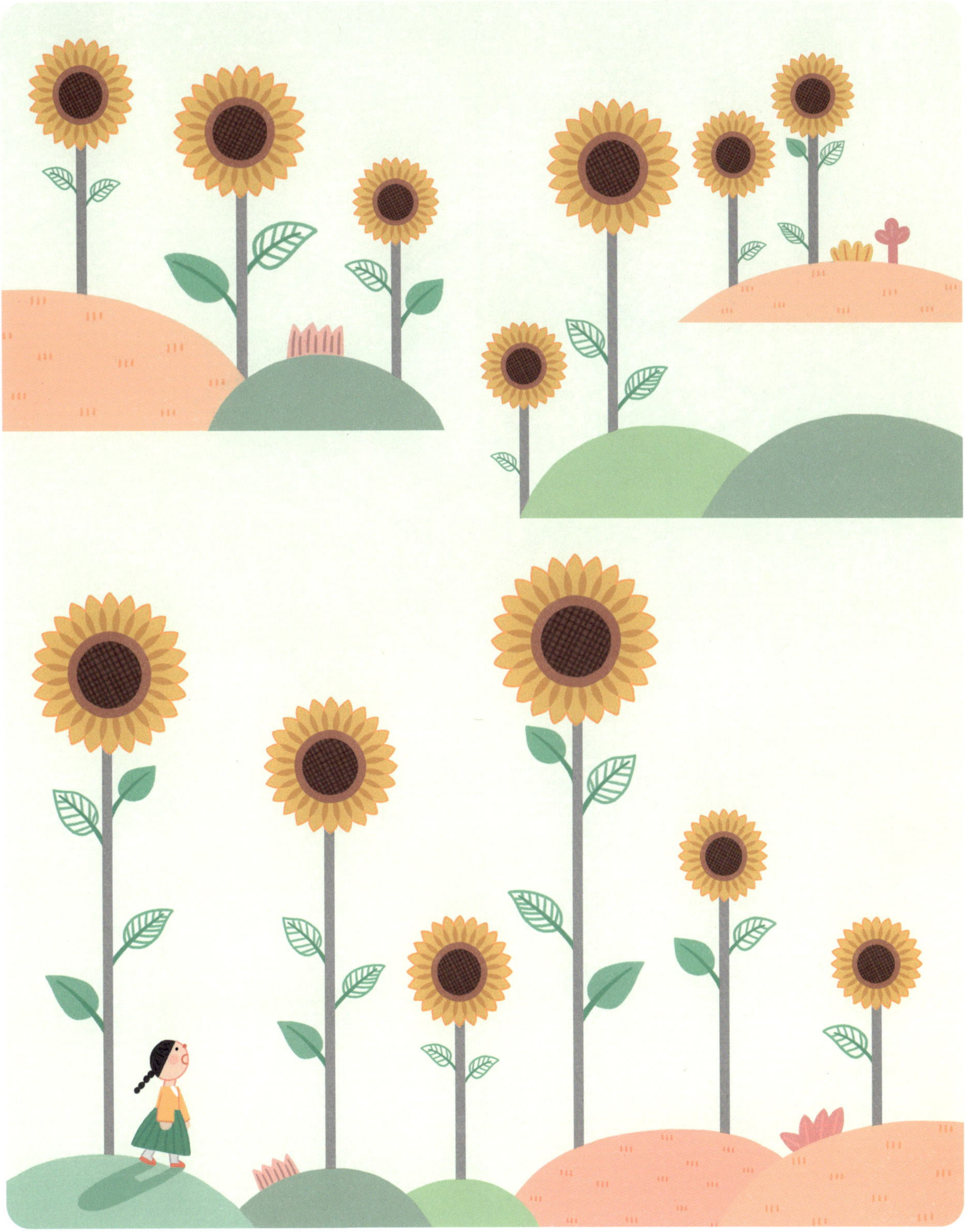

## 일정한 간격으로 그리기
이번에는 같은 간격으로 선을 그어 거미줄을 끝까지 가득 채워요. 간격을 똑같이 하는 게 중요해요.

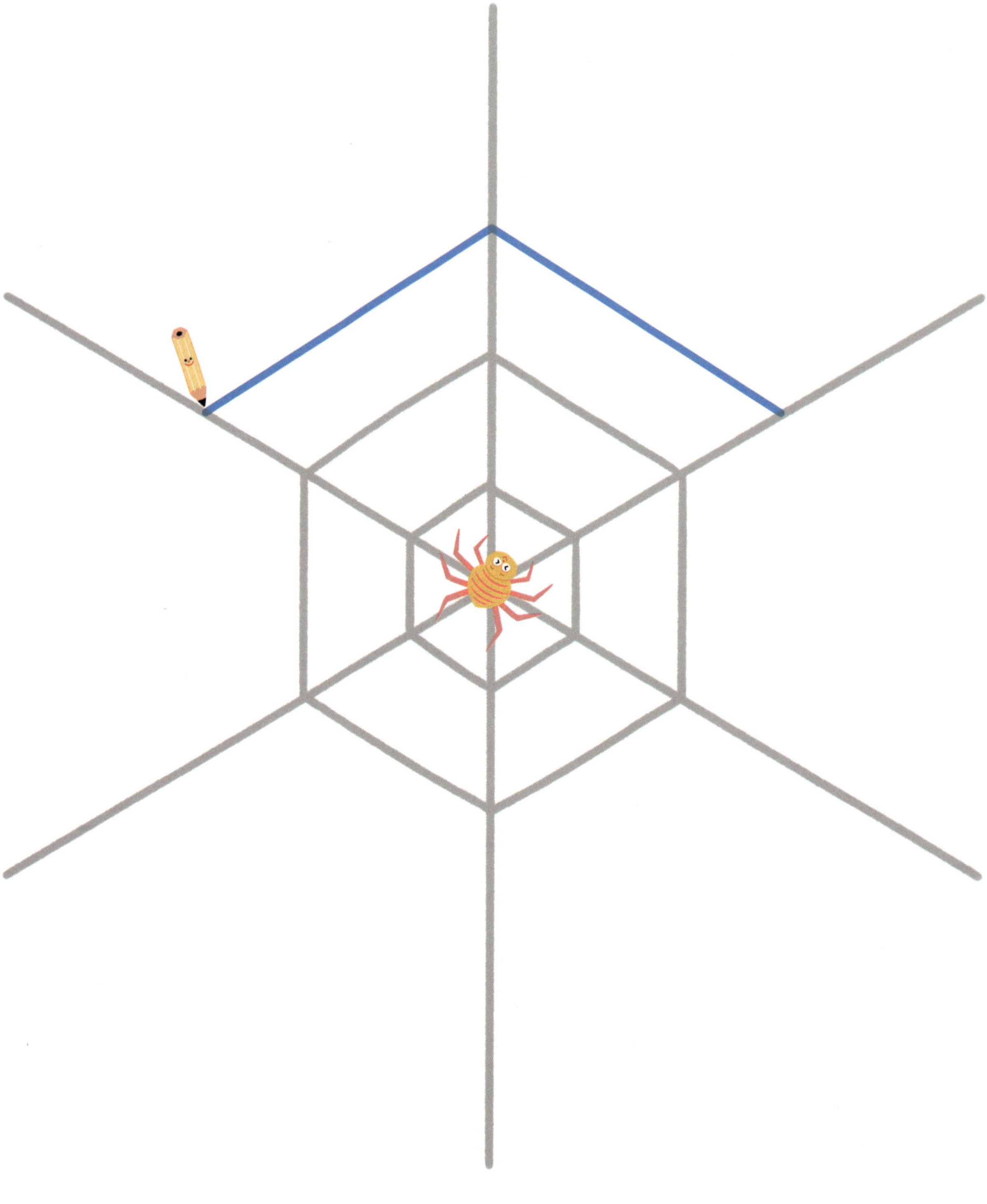

간격을 더 좁혀서 선을 그어 거미줄을 끝까지 가득 채워요. 간격을 똑같이 하는 게 중요해요.

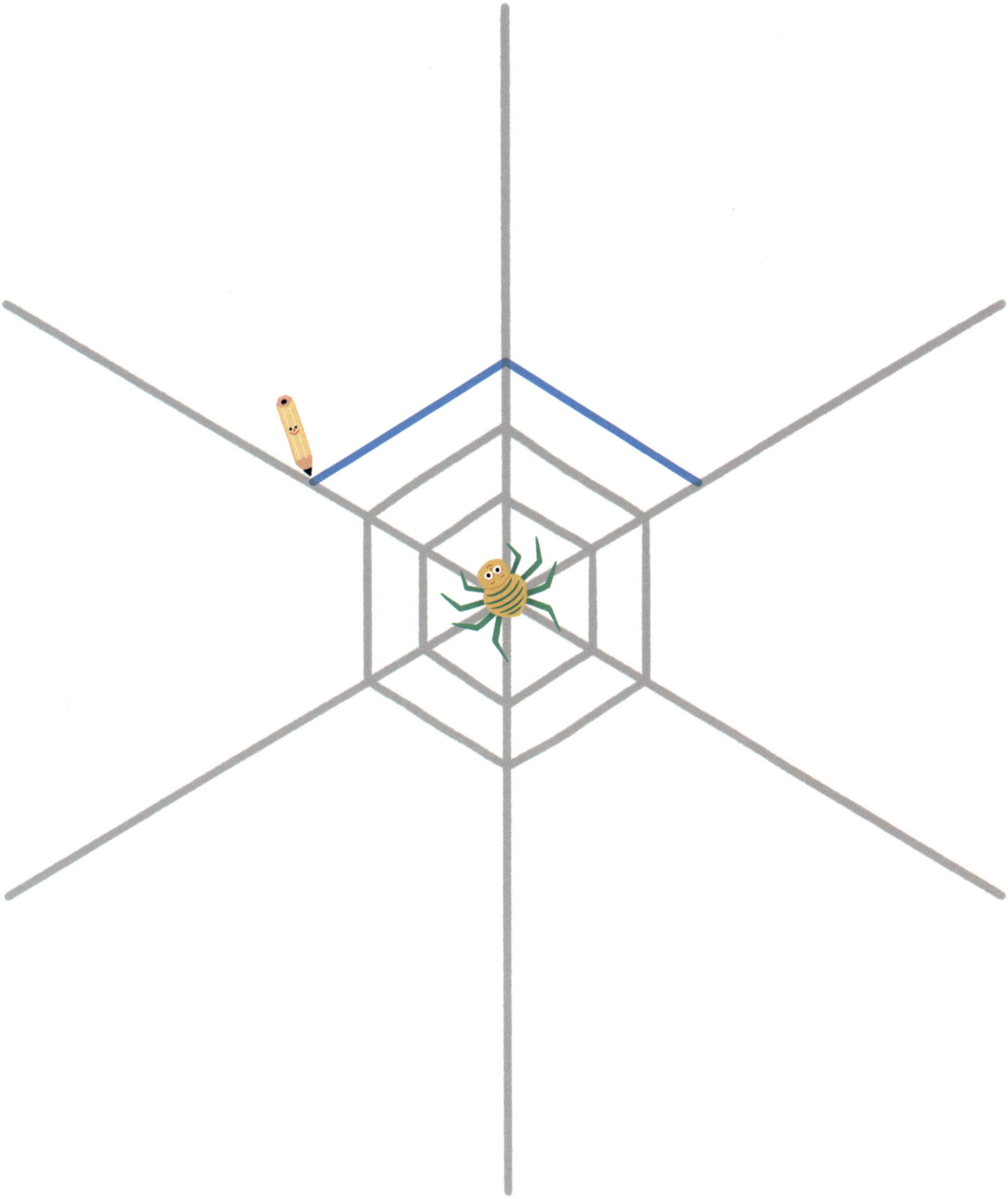

## 사선 그리기

사선으로 빗줄기를 그려요. 길이도 길게, 짧게 바꾸어 그어요.

## 곡선 그리기
동그라미를 그려서 사람들에게 모두 안경을 씌워 주세요.

예시

# 3일 자음 획순에 맞춰 쓰기

**획순의 세 가지 원칙**

획은 글씨를 쓸 때 한 번에 긋는 선이에요. 아무렇게나 긋지 않고 순서에 따른답니다. 이것을 획순이라고 해요. 획순을 잘 지켜야 글씨를 쉽게, 빠르게, 반듯하게 쓸 수 있지요. 획순에는 세 가지 원칙이 있어요. 빈칸을 채우며 알아보세요.

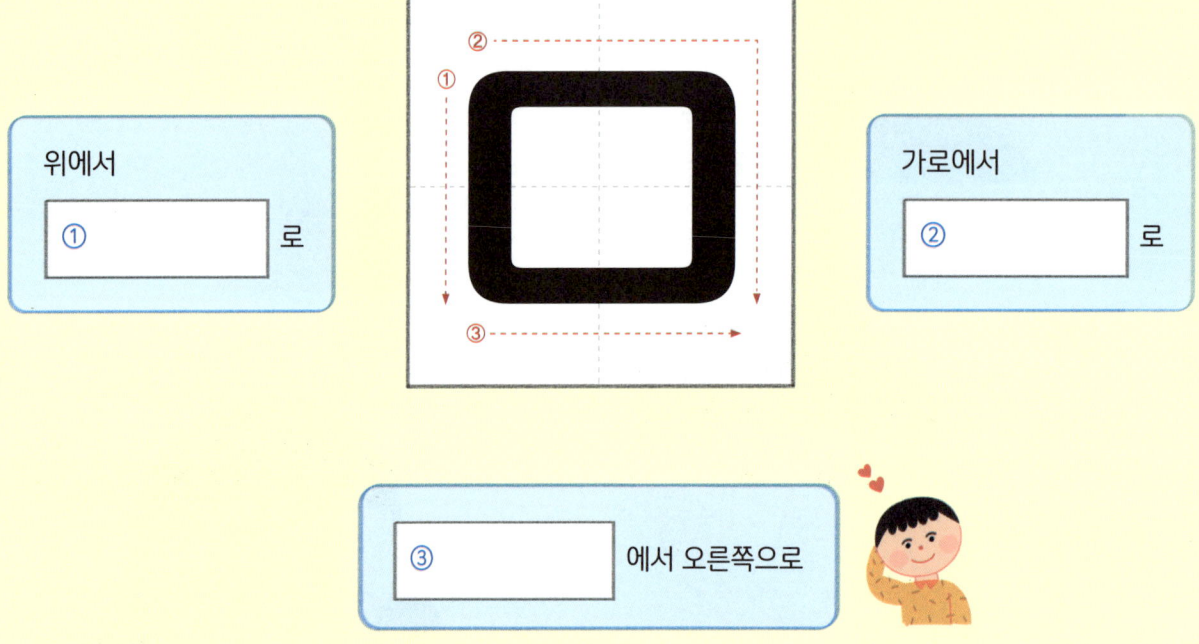

위에서 ① _____ 로

가로에서 ② _____ 로

③ _____ 에서 오른쪽으로

정답 ① 아래 ② 세로 ③ 왼쪽

**획순을 지켜서 써야 하는 이유**

빈칸에 자음 ㅁ을 획순과 반대로 써 보세요. 그리고 소감이 어떤지 말해 보세요.

내 소감은 _____

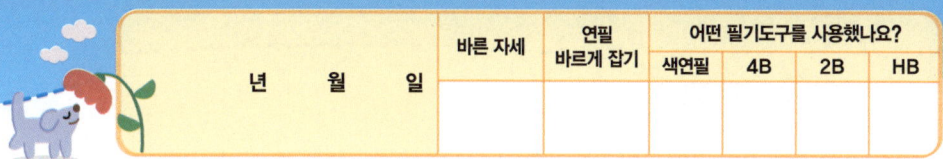

## 자음과 쌍자음 획순 따라 쓰기

획순을 생각하며 정성껏 따라 써 보세요.

자음

쌍자음  쌍자음은 같은 자음이 두 개 붙어 있어요. 두 개의 크기를 같게 써 보세요.

이제 획순을 보지 않고 외워서 써요. 기억이 나지 않으면, 앞 장을 다시 보세요.

**자음**

| ㄱ | ㄱ | ㄱ | | | | | | | |
| ㄴ | ㄴ | ㄴ | | | | | | | |
| ㄷ | ㄷ | ㄷ | | | | | | | |
| ㄹ | ㄹ | ㄹ | | | | 잘하고 있어요! | | | |
| ㅁ | ㅁ | ㅁ | | | | | | | |
| ㅂ | ㅂ | ㅂ | | | | | | | |
| ㅅ | ㅅ | ㅅ | | | | | | | |
| ㅇ | ㅇ | ㅇ | | | | | | | |
| ㅈ | ㅈ | ㅈ | | | | | | | |

**쌍자음**

## 모음 획순에 맞춰 쓰기

**모음과 복잡한 모음 획순 따라 쓰기**

획순에 맞추어 아래를 따라 써요. 선이 휘어지지 않도록 바르게 긋는 게 중요해요.

**모음**

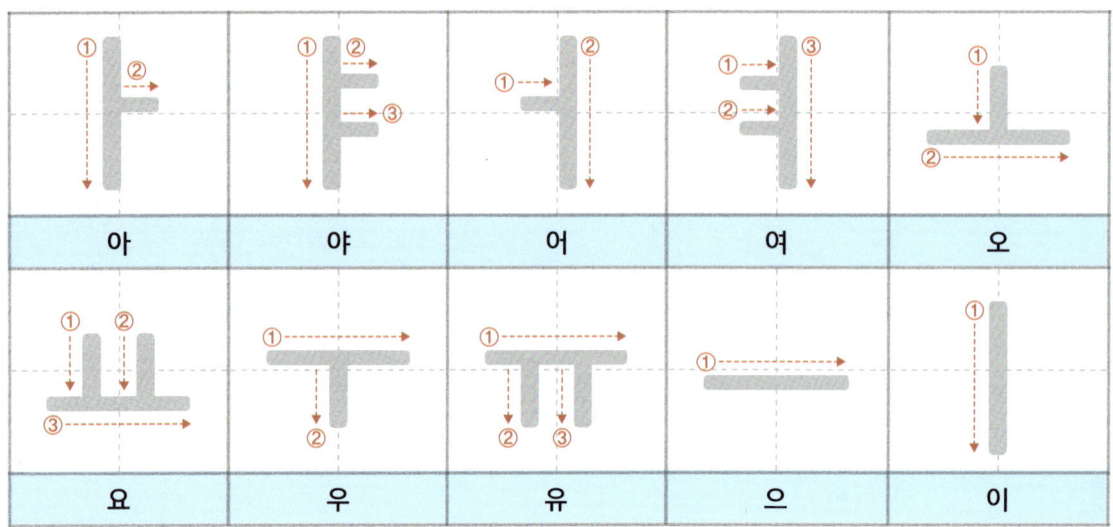

**복잡한 모음**  복잡한 모음은 모음과 모음이 합쳐진 거예요. 한 칸 안에 들어가게 천천히 따라 써요.

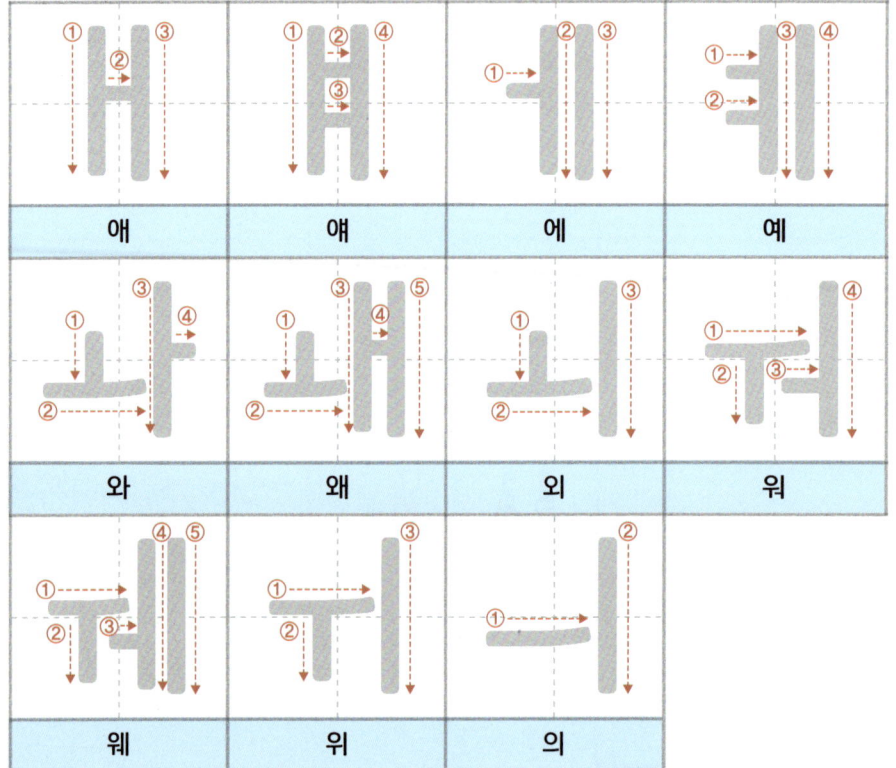

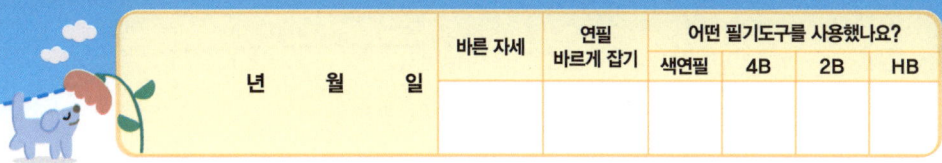

이제 획순을 보지 않고 외워서 써요. 기억이 나지 않으면, 옆 장을 다시 보세요.

**모음**

| ㅏ |
| ㅑ |
| ㅓ |
| ㅕ |
| ㅗ |
| ㅛ |
| ㅜ |
| ㅠ |

벌써 다 썼어요!

25

| ㅡ | ㅡ | ㅡ | | | | | | | |

| ㅣ | ㅣ | ㅣ | | | | | | | |

**복잡한 모음**

| ㅐ | ㅐ | ㅐ | | | | | | | |

| ㅒ | ㅒ | ㅒ | | | | | | | |

| ㅔ | ㅔ | ㅔ | | | | | | | |

| ㅖ | ㅖ | ㅖ | | |  화이팅! | | | |

| ㅘ | ㅘ | ㅘ | | | | | | | |

| ㅙ | ㅙ | ㅙ | | | | | | | |

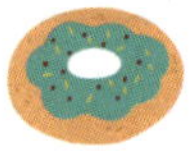

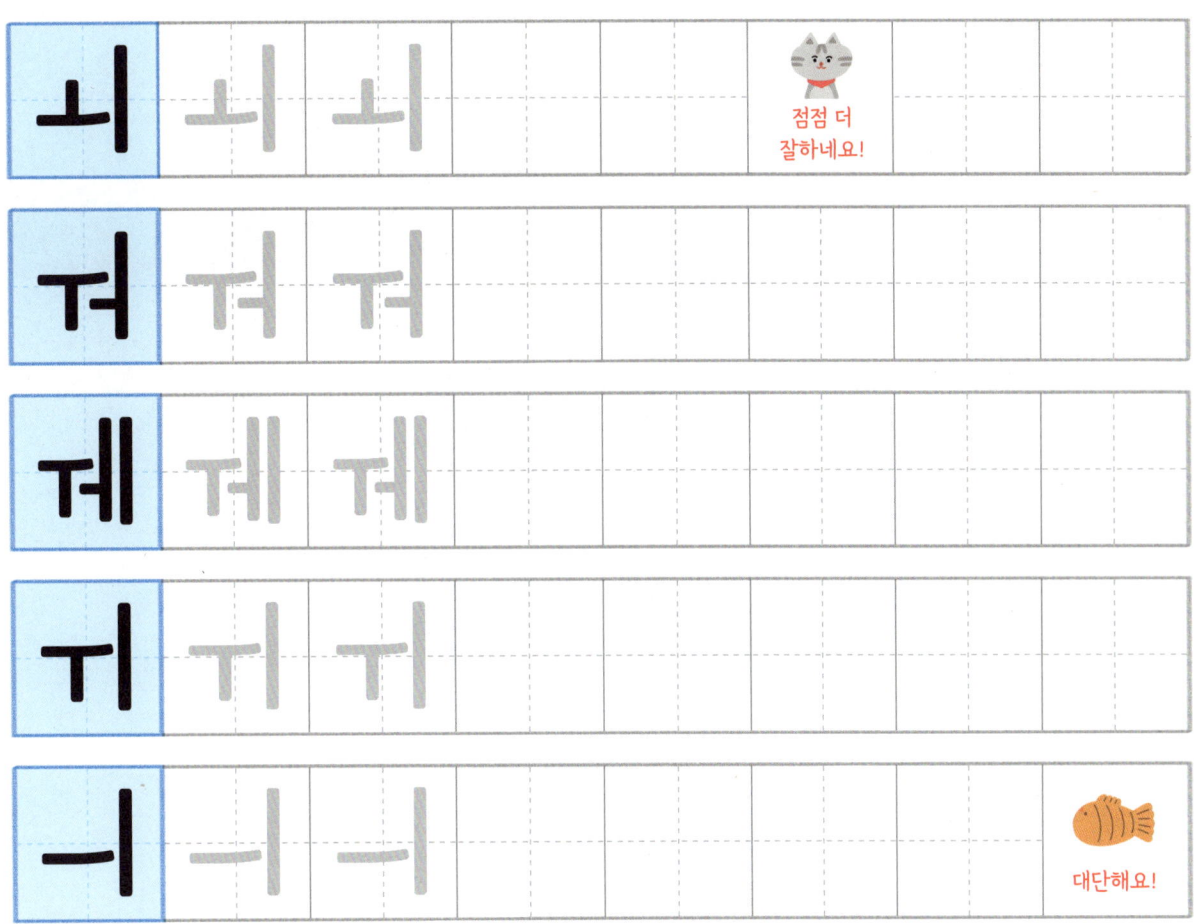

## 자음과 모음 쓰기 확인하기

지금까지 연습한 자음과 모음을 획순을 맞추어 바르게 써요.

# 2장

# 획순에 맞추어 글씨 쓰기

글씨를 바르고 편하게 쓰기 위해서는
앞에서 배운 대로 획순에 맞추어 쓰는 게 중요해요.
한글에서 자음과 모음, 받침이 합쳐질 때는
따로 있을 때와는 크기와 모양이 조금씩 달라지니까
익숙해지도록 연습해 봐요.

| 5일 | 세로형 모음 글자 쓰기 |
| 6일 | 가로형/복잡한 모음 글자 쓰기 |
| 7일 | 받침이 있는 글자 쓰기 |
| 8일 | 겹받침이 있는 글자 쓰기 |

# 세로형 모음 글자 쓰기

밥 먹을 때 숟가락과 젓가락을 함께 쓰는 것처럼 한글의 자음과 모음은 서로 만나야 글자가 돼요.

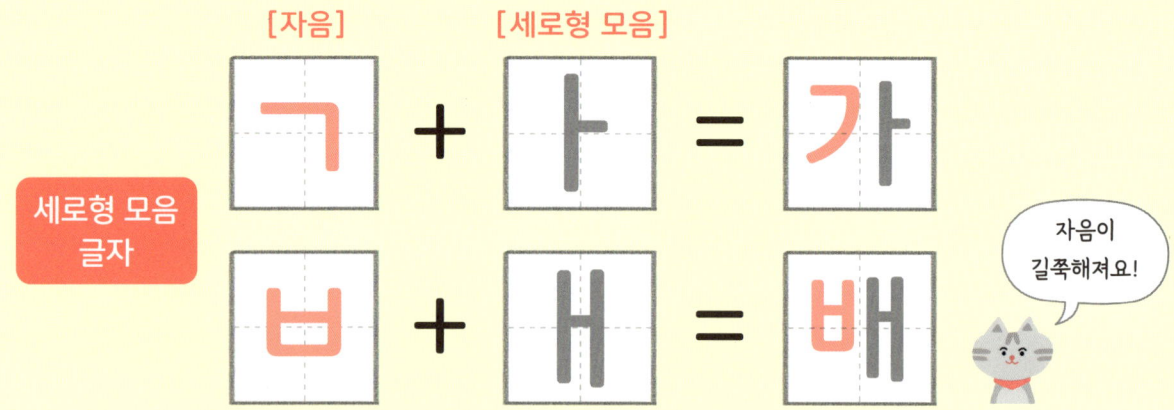

자음과 모음이 합쳐지면 혼자 있을 때와는 모양이 달라져요. 한 칸 안에서 어우러지게 써야 되기 때문이지요. 자음이 ㅏ나 ㅐ처럼 세로선으로 생긴 모음과 합쳐지면 원래 모양보다 작아지고 세로로 길쭉해져요.

## 자음에 세로형 모음 합쳐 쓰기

자음에 세로선으로 생긴 모음 ㅏ를 합쳐 써요. 자음이 혼자 있을 때와 달리 조금 작고 길어져요.

| | | 년  월  일 | 바른 자세 | 연필 바르게 잡기 | 어떤 필기도구를 사용했나요? | | | |
|---|---|---|---|---|---|---|---|---|
| | | | | | 색연필 | 4B | 2B | HB |

**까** | 까 까
**따** | 따 따
**빠** | 빠 빠

획이 많은 모음은 쓸 때 자리를 더 차지해요. 칸에 넘치지 않게 조절해서 써요.

**태** | 태 태
**페** | 페 페
**혜** | 혜 혜

잘 썼어요.

## 세로형 모음 글자가 있는 단어 쓰기

세로형 모음 글자가 들어 있는 단어로 쓰기 연습해요.

**가야**
가야 가야

삼국 시대에 우리나라 남쪽에 있던 나라

**가치**
가치 가치

어떤 것이 가지고 있는 쓸모

**따개**
따개 따개

깡통 등의 뚜껑을 따는 물건

**세기**
세기 세기

100년을 세는 단위

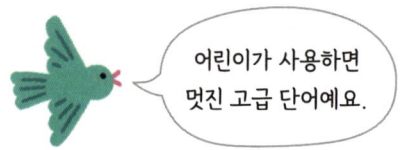

어린이가 사용하면 멋진 고급 단어예요.

**기 체**

공기 같은 물질을 뜻하는 말

기 체 기 체

**아 예**

일부분만이 아니라 전부를 뜻하는 말

아 예 아 예

**제 사**

돌아가신 분에게 음식을 바치고 인사하는 것

제 사 제 사

**태 아**

어머니 뱃속의 아기

태 아 태 아

# 6일 가로형 / 복잡한 모음 글자 쓰기

자음이 ㅗ나 ㅛ처럼 가로선으로 생긴 모음과 만나면 모양이 납작해져요. 한 칸 안에서 어우러지게 써야 하기 때문이에요.

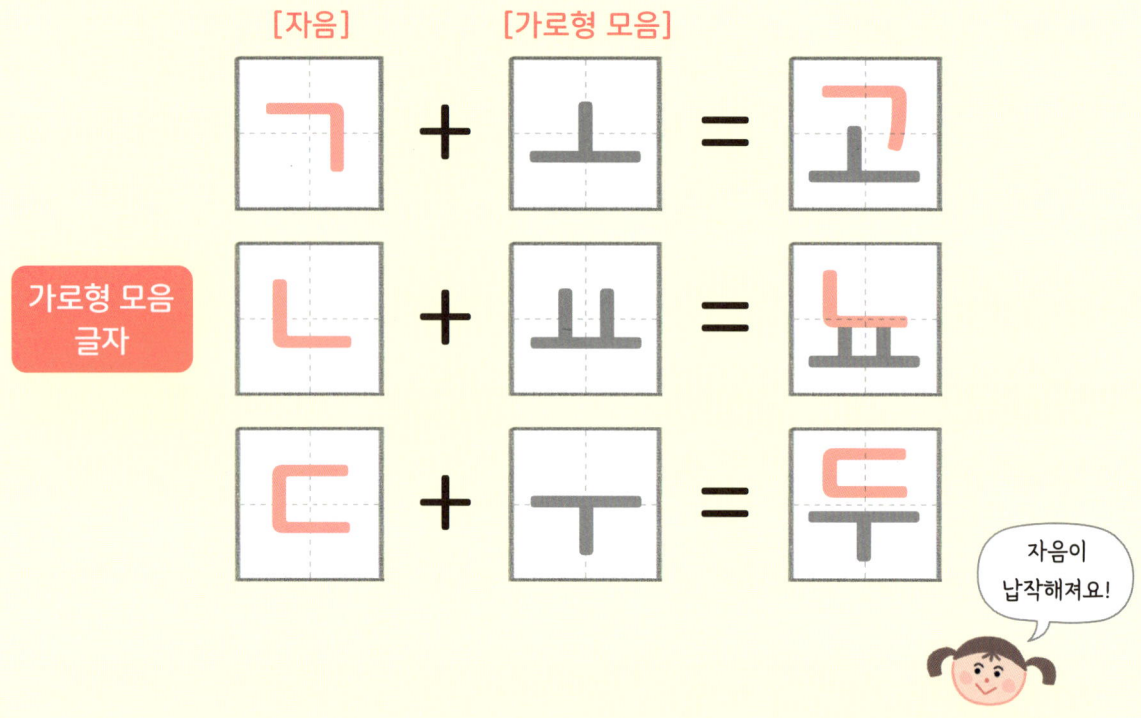

자음에 복잡한 모음이 더해지면 자음은 좀 더 작아져요. 복잡한 모음과도 한 칸 안에서 조화를 이루어야 하기 때문이지요.

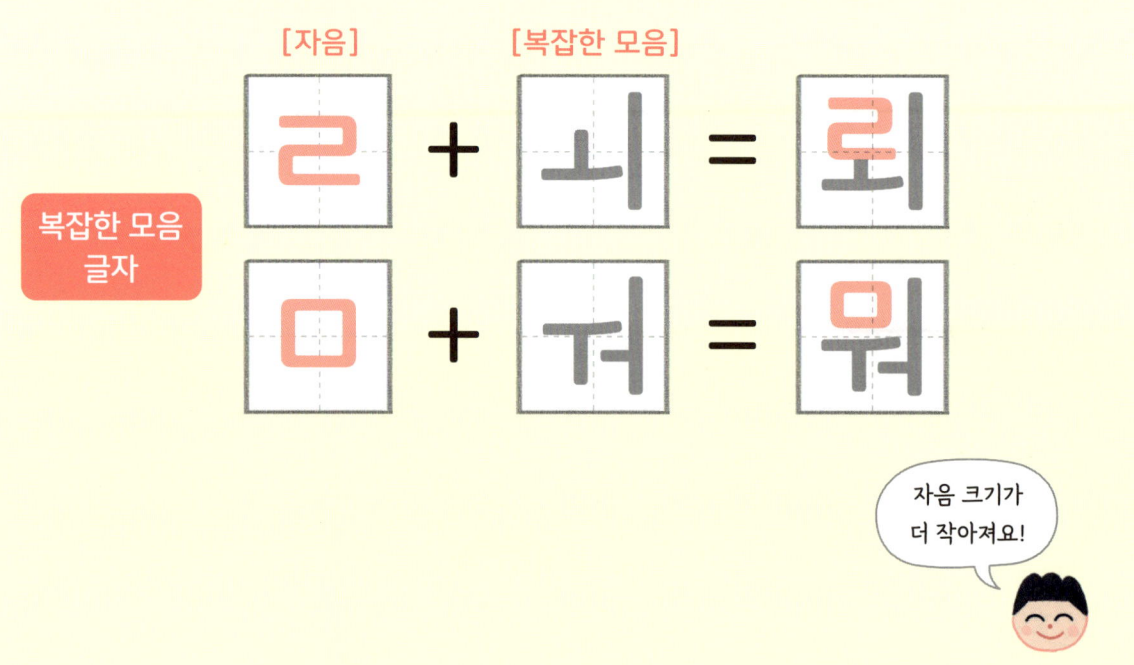

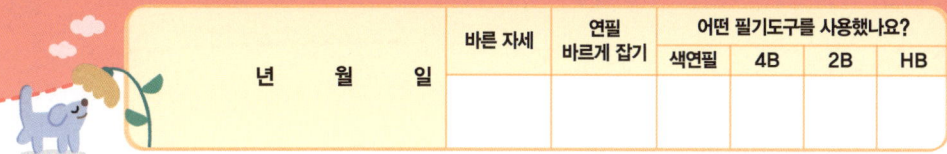

## 자음에 가로형 모음 합쳐 쓰기

자음이 가로선으로 생긴 모음 ㅗ, ㅛ 등과 합쳐지면 모양이 납작해져요.

## 자음에 복잡한 모음 합쳐 쓰기

복잡한 모음은 자음의 크기를 더 작게 써야 해요.

## 가로형/복잡한 모음 글자가 있는 단어 쓰기

가로형/복잡한 모음 글자가 들어 있는 단어로 쓰기 연습해요.

| 두 | 뇌 | 두 | 뇌 | 두 | 뇌 | | | | |
|---|---|---|---|---|---|---|---|---|---|

사람의 머리뼈 안 기관

| 드 |므 | 드 | 므 | 드 | 므 | | | | |
|---|---|---|---|---|---|---|---|---|---|

옛날에 불이 날 때를 대비해 물을 담던 항아리

| 무 | 료 | 무 | 료 | 무 | 료 | | | | |
|---|---|---|---|---|---|---|---|---|---|

요금이 없는 것

| 투 | 표 | 투 | 표 | 투 | 표 | | | | |
|---|---|---|---|---|---|---|---|---|---|

선거에서 종이에 의사를 표시해서 내는 일

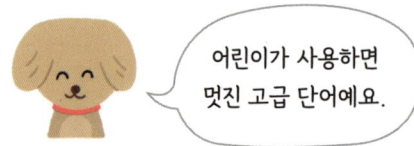

어린이가 사용하면
멋진 고급 단어예요.

| 뷔 | 페 | 뷔 | 페 | 뷔 | 페 | | | | |

여러 음식을 두고 손님이 스스로 덜어 먹게 하는 식당

| 수 | 료 | 수 | 료 | 수 | 료 | | | | |

어떤 공부 과정을 끝내는 것

| 죄 | 수 | 죄 | 수 | 죄 | 수 | | | | |

감옥에 갇힌 사람

| 추 | 수 | 추 | 수 | 추 | 수 | | | | |

익은 곡식을 거두어들이는 것

# 7일 받침이 있는 글자 쓰기

받침이 있으면 자음과 모음의 모양과 크기가 또 달라져요. 한 칸 안에서 글씨의 균형을 잡아야 하니까요. 처음 오는 자음(초성)과 모음(중성)은 길이를 짧게, 그 아래로 받침(종성)은 납작한 모양으로 써요.

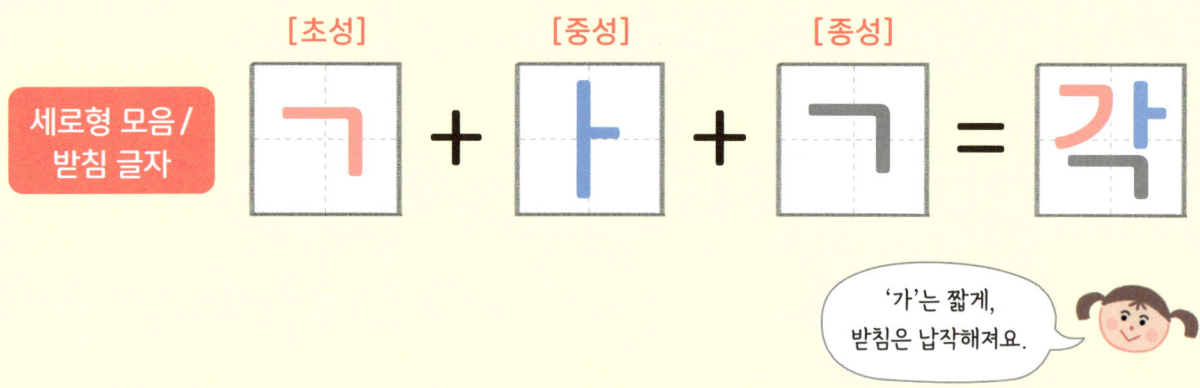

세로형 모음 / 받침 글자

'가'는 짧게, 받침은 납작해져요.

가로형 모음이 들어가면 첫 자음(초성)과 받침(종성)의 모양이 납작해져요.

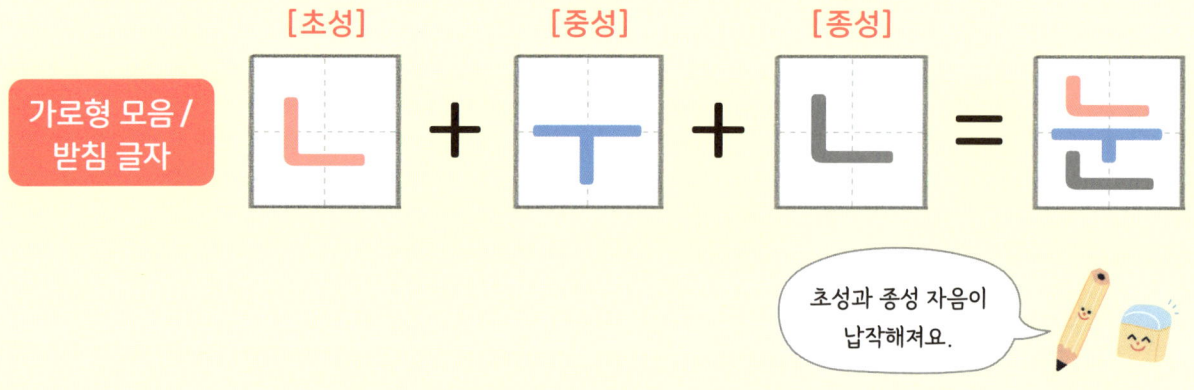

가로형 모음 / 받침 글자

초성과 종성 자음이 납작해져요.

복잡한 모음과 합쳐질 때에는 모음이 자리를 많이 차지해요. 자음의 크기를 더 작게 써요.

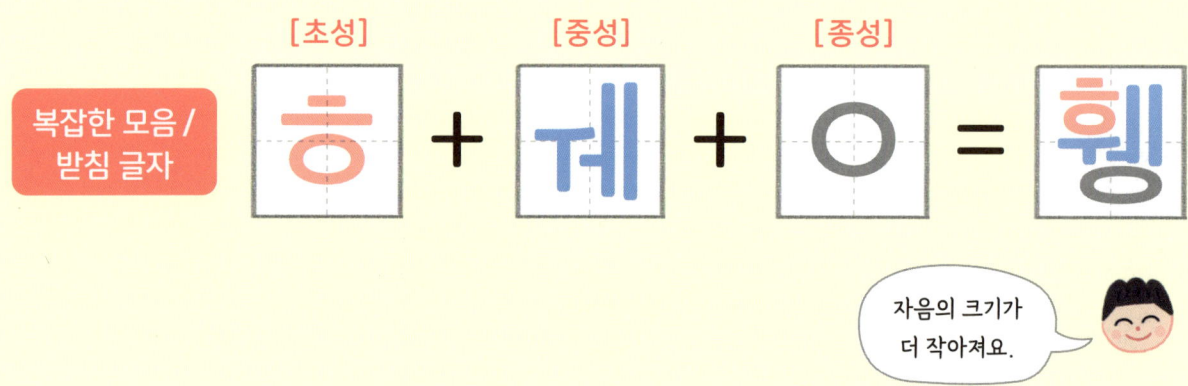

복잡한 모음 / 받침 글자

자음의 크기가 더 작아져요.

| | 년 월 일 | 바른 자세 | 연필 바르게 잡기 | 어떤 필기도구를 사용했나요? | | | |
|---|---|---|---|---|---|---|---|
| | | | | 색연필 | 4B | 2B | HB |
| | | | | | | | |

### 세로형 모음과 받침 합쳐 쓰기
초성과 중성은 길이를 짧게 해서 써요. 그래야 종성인 받침을 그 아래로 칸에 맞게 쓸 수 있어요.

벌써 여기까지 왔어요!

### 가로형/복잡한 모음과 받침 합쳐 쓰기
가로형 모음과 만나면 자음이 납작해져요. 복잡한 모음과 만나면 자음의 크기를 더 작게 조절해요.

## 받침 글자가 있는 단어 쓰기

받침 글자가 들어 있는 단어로 쓰기 연습해요.

**몽 상** 몽 상 몽 상

꿈속의 생각

**분 열** 분 열 분 열

갈라져서 나뉘는 것

**잿 밥** 잿 밥 잿 밥

부처님께 기도할 때 놓는 밥

**방 책** 방 책 방 책

방법과 꾀를 부르는 말

| 앙 | 금 | 앙 | 금 | 앙 | 금 | | | | |

개운치 않게 남은
감정

| 짝 | 꿍 | 짝 | 꿍 | 짝 | 꿍 | | | | |

짝을 이루는 친구

| 폭 | 풍 | 폭 | 풍 | 폭 | 풍 | | | | |

매우 세찬 바람

| 함 | 성 | 함 | 성 | 함 | 성 | | | | |

여럿이 함께 외치는
소리

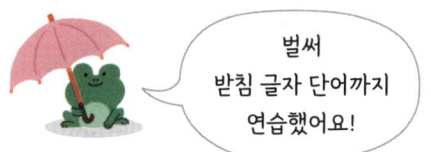

벌써
받침 글자 단어까지
연습했어요!

#  8일 겹받침이 있는 글자 쓰기

겹받침은 같은 두 자음이나 서로 다른 두 자음이 어울려 이루어진 받침으로 모두 13개가 있어요. 아래 글자에서 겹받침 크기는 어떤가요? 겹받침에만 동그라미 해 보세요.

한 칸에서 반 정도를 차지해요! 겹받침을 이루는 두 자음인 ㅂ과 ㅅ은 쓸 때 크기를 똑같이 해요.

## 13개의 겹받침 찾기

표 안의 단어를 읽고, 겹받침에 동그라미 해요. 겹받침의 크기가 어느 정도인지도 살펴보세요.

| ㄲ | 겪다 깎다 밖 | ㅆ | 섰다 있다 |
|---|---|---|---|
| ㄳ | 넋 몫 삯 | ㄼ | 넓다 떫다 짧다 |
| ㄵ | 앉다 얹다 | ㄽ | 외곬 |
| ㄶ | 귀찮다 많다 하찮다 | ㄾ | 핥다 훑다 |
| ㄺ | 닭 밝다 칡 흙 | ㄿ | 읊다 |
| ㄻ | 닮다 삶 젊다 | ㅀ | 끓다 뚫다 싫다 |
| ㅄ | 값 수없이 없다 | | |

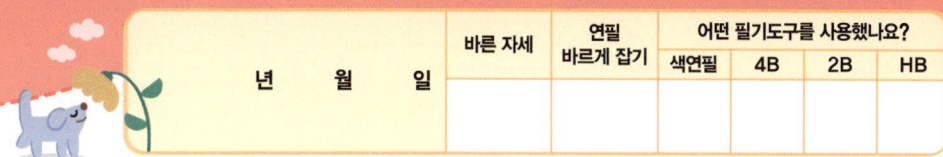

## 겹받침 글자가 있는 단어 쓰기

13개의 겹받침이 들어가 있는 단어를 써요. 겹받침의 크기는 한 칸의 반 정도를 차지해요.

| ㄱㄱ | 겪 | 다 | 깎 | 다 | 섞 | 다 | 밖 |

| ㅆ | 있 | 다 | 섰 | 다 | 갔 | 다 |

| ㄱㅅ | 넋 | 몫 | 삯 | 넋 | 몫 | 삯 |

| ㄴㅈ | 앉 | 다 | 얹 | 다 | 앉 | 다 |

| ㄴㅎ | 끊 | 다 | 많 | 다 | 귀 | 찮 | 다 |

| ㄹㄱ | 늙 | 다 | 맑 | 다 | 닭 | 칡 | 흙 |

| ㄻ | 삶 닮다 옮다 젊다 |
| --- | --- |
| ㄼ | 여덟 떫다 짧다 |
| ㄾ | 핥다 훑다 핥다 |
| ㅀ | 끓다 뚫다 잃다 |
| ㅄ | 값 없다 수 없이 |
| ㄳ ㄿ | 외곬 읊다 |

겹받침은 조금 어려울 수 있어요. 옆의 문장 속에서도 연습해 봐요.

## 겹받침 글자가 있는 문장 쓰기

겹받침이 있는 글자를 넣어 문장을 써요. 다 썼으면 겹받침이 있는 글자에만 동그라미 해요.

| 땅 | 이 | | 넓 | 다 | | | |
| 아 | 침 | 이 | | 밝 | 았 | 다 | |
| 그 | 렇 | 지 | | 않 | 다 | | |
| 삶 | 은 | | 아 | 름 | 답 | 다 | |
| 시 | 를 | | 읊 | 다 | | | |
| 옷 | 이 | | 얇 | 다 | | | |
| 소 | 녀 | 가 | | 가 | 엾 | 다 | |
| 닭 | 이 | | 울 | 었 | 다 | | |
| 숙 | 제 | 가 | | 없 | 다 | | |
| 숙 | 제 | 가 | | 많 | 다 | | |
| 앉 | 아 | 서 | | 쉬 | 다 | | |
| 흙 | 을 | | 밟 | 다 | | | |
| 읽 | 기 | 가 | | 귀 | 찮 | 았 | 다 |
| | | | | | | | |

마지막 문장은 겹받침 글자를 넣어 스스로 써 봐요.

# 3장

## 문장 부호, 숫자, 알파벳 쓰기

이번에는 한글을 쓸 때 함께 자주 쓰는
문장 부호, 숫자, 영어를 바르게 써 봐요.
문장 부호는 글을 쓸 때 꼭 붙여야 하는 부호예요.
시간을 쓰거나 수학 문제를 풀 때에는 숫자를 바르게 쓰고,
자주 쓰는 영어도 바르게 쓰기를 연습해 봐요.

9일   문장 부호 쓰기

10일   알파벳 쓰기

11일   숫자, 연산 기호 쓰기

# 9일 문장 부호 쓰기

문장 부호는 글을 읽거나 쓸 때 꼭 붙이는 부호예요. 내가 쓴 문장의 뜻을 더 잘 전달하기 위해 쓰지요.

| 문장 부호 | 이름 | 쓰임 |
| --- | --- | --- |
| . | 마침표 | 문장을 마칠 때 써요. |
| , | 쉼표 | 단어를 늘어놓거나 누구를 부르는 말 뒤에 써요. |
| ? | 물음표 | 물어보는 말 뒤에 써요. |
| ! | 느낌표 | 느낌을 드러내거나 놀라움을 나타내는 말 뒤에 써요. |
| " " | 큰따옴표 | 대화하는 문장에서 앞뒤로 써요. |
| ' ' | 작은따옴표 | 생각하는 문장에서 앞뒤로 써요. |
| …… | 말줄임표 | 말이 없음을 나타내거나 문장을 줄일 때 써요. |

문장 부호의 이름과 쓰임을 알고 바르게 써 봐요.

## 문장 부호 쓰기
모양을 잘 살펴보면서 따라 써요.

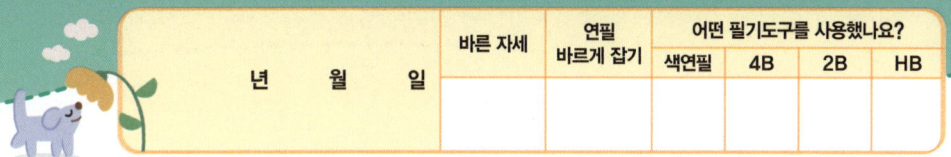

## 문장 안에서 문장 부호 쓰기

이제 문장 안에서 써 봐요. 문장 부호의 모양뿐만 아니라 쓰는 위치도 정확해야 해요.

칸의 아래쪽인지 한가운데인지 위치도 잘 지켜서 써요!

| . | 마침표 | 문장을 마치고 다음 칸에 써요. 마지막 글자 가까이에 아래쪽으로 붙여 써요. 칸이 모자르면 마지막 글자 칸에 같이 쓰거나 바깥 여백에 써요. |

오늘도 행복하다.
치킨을 맛있게 먹었다.

| , | 쉼표 | 단어를 늘어놓거나 누구를 부르는 말을 마치고 다음 칸에 써요. 마침표를 쓸 때와 같은 위치에 써요. |

사과, 배가 있었다.
할머니, 보고 싶어요.

| ? | 물음표 | 물어보는 말을 마치고 다음 칸에 써요. 칸의 한가운데로 쓰면 돼요. |

정말 그러니?
네가 한 일이 맞니?

| ! | 느낌표 | 느낌과 놀라움을 나타내는 말을 마치고 다음 칸에 써요. 칸의 한가운데로 쓰면 돼요. |

진짜 멋있다!
세상에! 놀랍구나.

큰따옴표와 작은따옴표, 말줄임표는 쓰는 게 조금 더 복잡해요. 쓰는 법을 잘 읽고 천천히 따라 써요.

| " " | 큰따옴표 | 대화하는 문장 앞과 뒤에 각각 써요. 앞에서는 오른쪽 위로 붙여 쓰고, 뒤에서는 왼쪽 위로 붙여 써요. |
|---|---|---|

"네, 그럴게요. 마침 엄마도 오셨으니 같이 가요."
"정말요?"

| ' ' | 작은따옴표 | 생각하는 문장 앞과 뒤에 각각 써요. 쓰는 법은 큰따옴표와 같아요. |
|---|---|---|

'어쩌지?'
숙제를 안 가져와서 걱정이 되었다.
'오늘 검사 안 했으면 좋겠다.'

| … … | 말줄임표 | 말이 없거나 줄일 때 써요. 한 칸에 점을 세 개씩 써서 두 칸을 차지하도록 해요. |
|---|---|---|

"세상에……."
모두가 말을 잃었다.

## 모든 문장 부호가 들어간 글 쓰기
앞에서 배운 문장 부호를 모두 넣어서 써 봐요.

　　"맛있어?"
　엄마는 요리를 하고 늘 물어보신다.
　'너무 짠데…….'
　솔직한 마음을 표현하면 엄마가 서운해하실 것 같아 나는 웃으며 말했다.
　"네! 맛있어요."
　나는 물을 많이 마시며 밥을 다 먹었다.
　이렇게 우리 집은 오늘도 평온하다.

# 10일 알파벳 쓰기

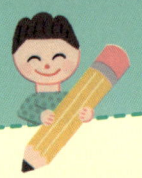

글을 쓸 때 영어를 사용하는 경우도 많아요. 알파벳 대문자와 소문자를 바르게 써 봐요.
네 개의 선이 있는 줄에서 연습해요.

## 알파벳 대문자 쓰기

대문자는 세 칸 중 위쪽 두 칸에 꽉 차게 써요. 쓰는 순서에 맞추어 몇 번 따라 써 봐요.

A A A B C D

E F G H

I J K L

M N O P

Q R S T

U V W X

Y Z

| 년 월 일 | 바른 자세 | 연필 바르게 잡기 | 어떤 필기도구를 사용했나요? | | |
|---|---|---|---|---|---|
| | | | 색연필 | 4B | 2B | HB |

## 알파벳 소문자 쓰기

소문자는 한 칸 크기로 대문자보다 작게 써요. 위에서 아래로 긴 모양의 알파벳도 있어요. 줄을 맞추어 써 봐요.

a  a  a  b  c  d

e  f  g  h

i  j  k  l

m  n  o  p

q  r  s  t

u  v  w  x

y  z

## 알파벳 대문자로 영어 쓰기

친구와 문자를 주고받고 있어요. 예시처럼 알파벳 대문자로 문장을 바르게 써서 휴대폰을 채워 보세요.

**예시**

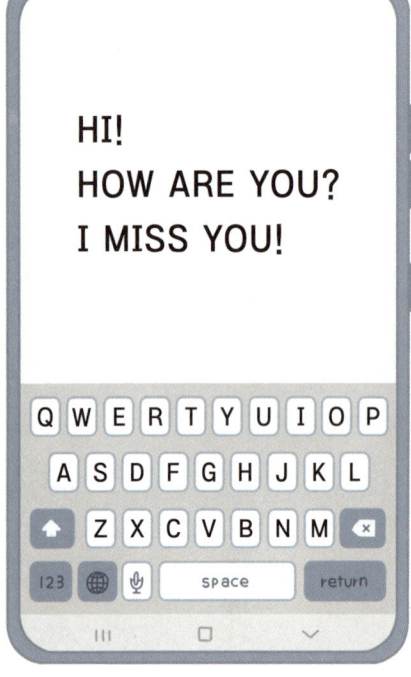

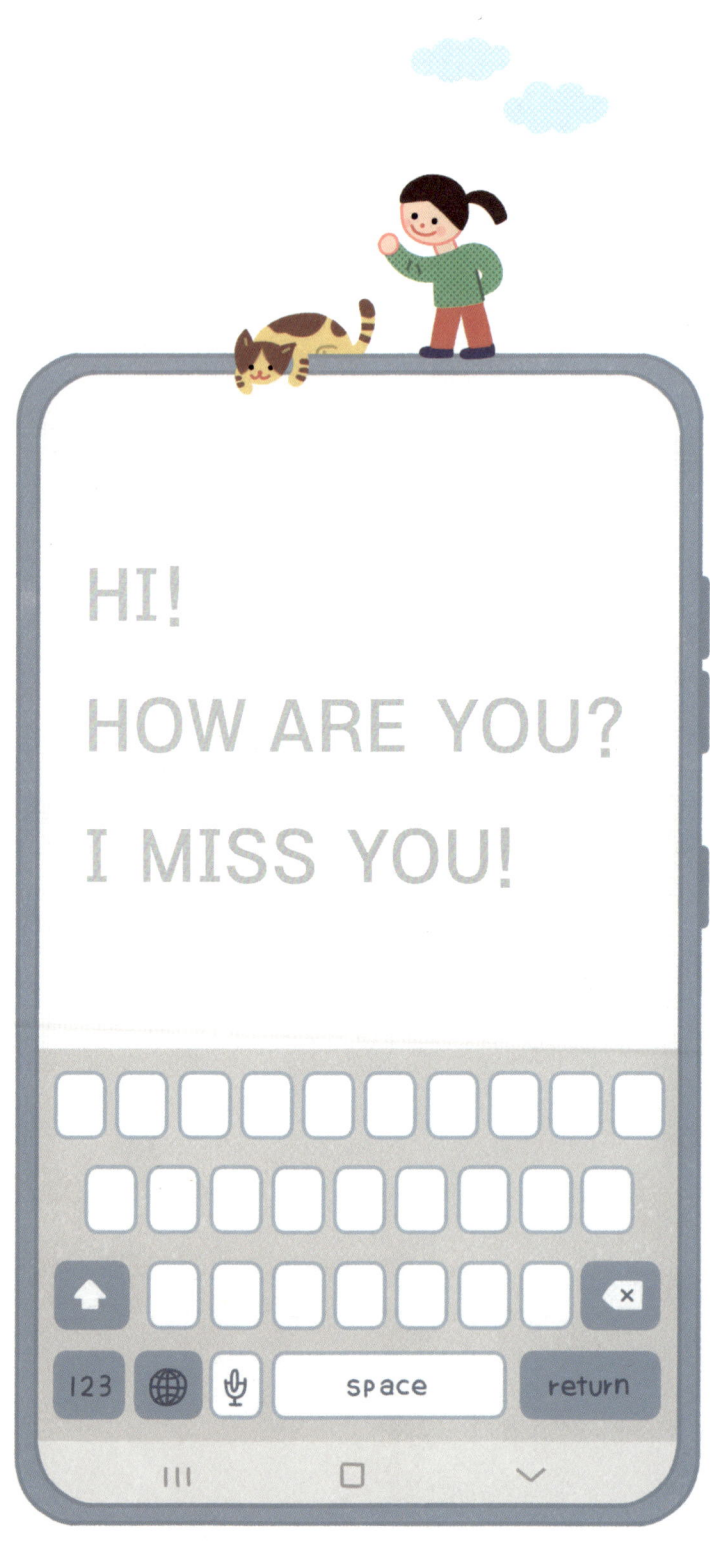

누르는 자판에도 알파벳을 채워 봐요.

## 알파벳 소문자로 영어 쓰기

친구와 문자를 주고받고 있어요. 예시처럼 알파벳 소문자로 문장을 바르게 써서 휴대폰을 채워 보세요.

예시

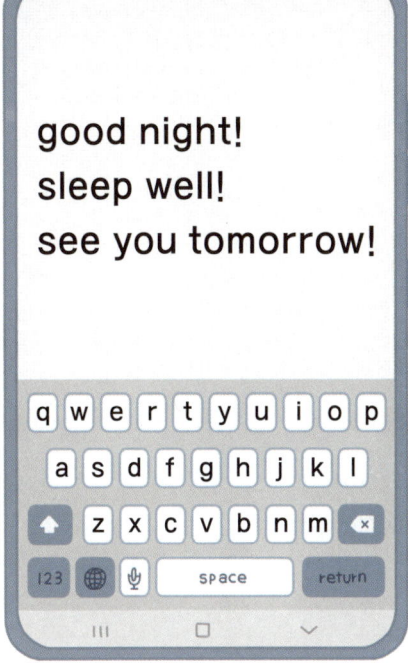

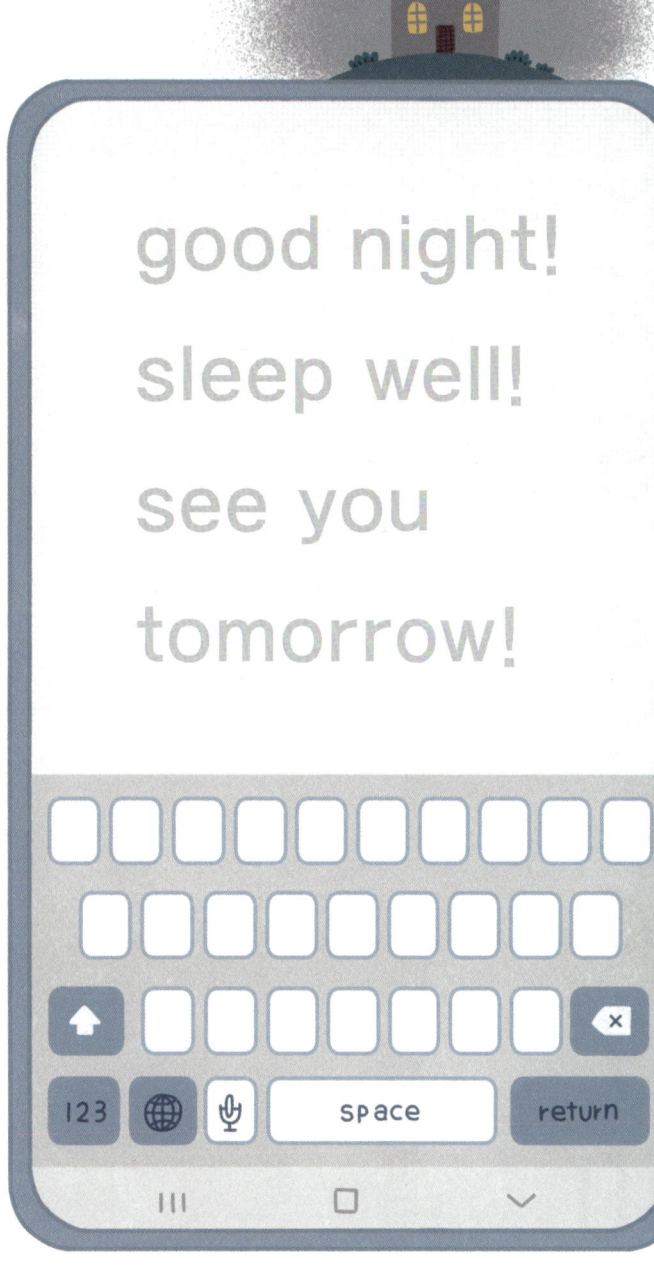

# 11일 숫자, 연산 기호 쓰기

시간이나 날짜를 나타낼 때는 숫자를 써야 해요. 알아보기 쉽게 바르게 쓰기를 연습해 봐요.

**숫자 쓰기**

| | | | | | | | |
|---|---|---|---|---|---|---|---|
| 1 | 1 | | | | | | |
| 2 | 2 | | | | | | |
| 3 | 3 | | | | | | |
| 4 | 4 | | | | | | |
| 5 | 5 | | | | | | |
| 6 | 6 | | | | | | |
| 7 | 7 | | | | | | |
| 8 | 8 | | | | | | |
| 9 | 9 | | | | | | |
| 10 | 10 | | | | | | |

숫자도 잘 쓰네요!

멋지게 다 썼어요!

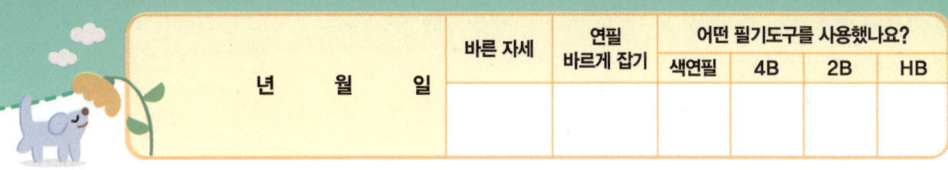

숫자를 바르게 써서 예시처럼 시계를 완성해 보세요.

예시

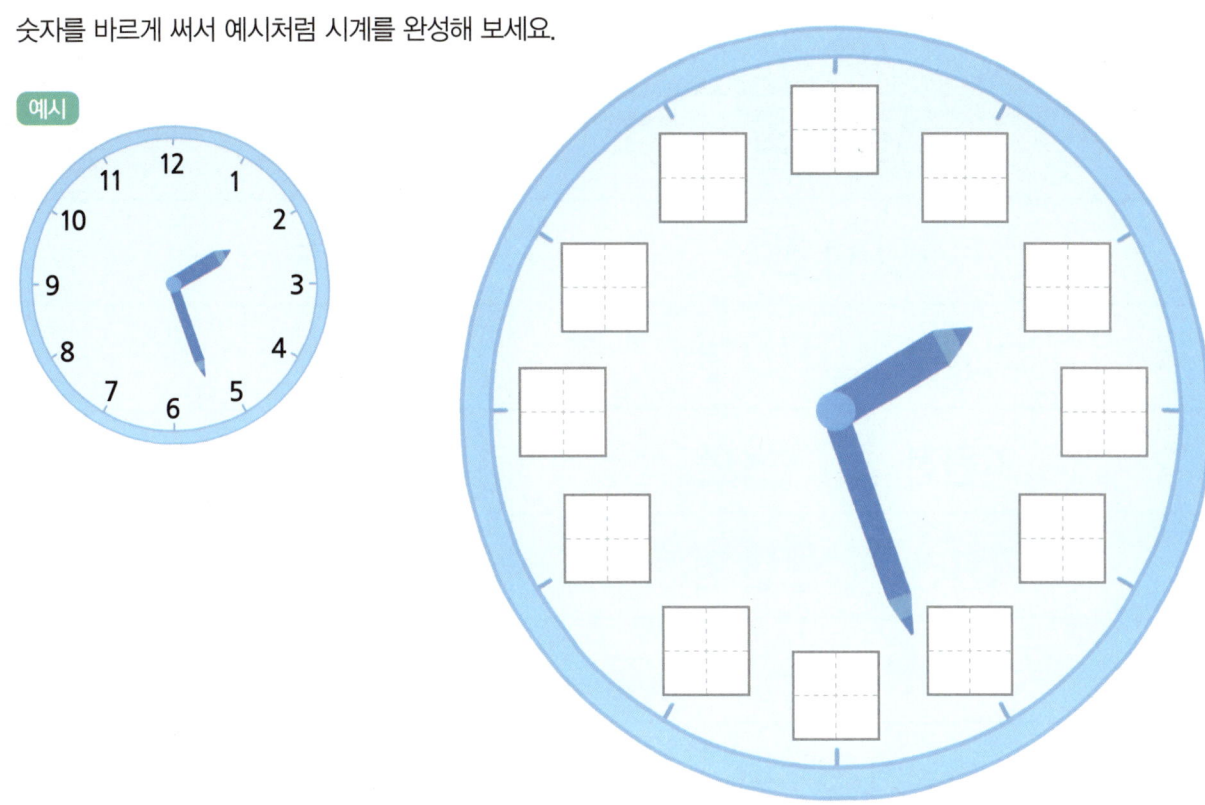

숫자를 바르게 써서 예시처럼 계산기를 완성해 보세요.

예시

숫자를 바르게 써서 한국사 연표를 완성해 보세요. 연표는 우리나라 역사에서 중요한 일이 있었던 때를 모은 표예요.

| 연도 | 중요한 일 |
|---|---|
| 70만 년 전 | 구석기 시작 |
| 1만 년 전 | 신석기 시작 |
| 기원전 3500년 | 청동기 시작 |
| 기원전 2333년 | 단군이 고조선 건국 |
| 기원전 400년 경 | 철기를 사용하기 시작 |
| 기원전 108년 | 고조선 멸망 |
| 기원전 57년 | 박혁거세가 신라 건국 |
| 기원전 37년 | 주몽이 고구려 건국 |
| 기원전 18년 | 온조가 백제 건국 |
| 433년 | 백제와 신라의 동맹 |
| 475년 | 고구려 장수왕이 백제 공격 |
| 527년 | 신라 법흥왕이 불교를 인정 |
| 538년 | 백제가 수도를 사비로 옮김 |
| 645년 | 당나라 태종이 고구려를 침입 |
| 676년 | 삼국 통일 |

## 연산 기호 쓰기

수학 문제를 풀 때 꼭 만나는 연산 기호예요. 정확하게 따라 써 봐요.

| + | 덧셈 기호 | − | 뺄셈 기호 | × | 곱셈 기호 | ÷ | 나눗셈 기호 | = | 등호 |
|---|---|---|---|---|---|---|---|---|---|
| + | + | − | − | × | × | ÷ | ÷ | = | = |
|   |   |   |   |   |   |   |   |   |   |

## 단위 쓰기

길이나 무게 등을 나타내는 단위는 영어 소문자로 쓰는 경우가 많아요. 정확하게 따라 써 봐요.

| 길이를 나타내는 단위 | mm | 밀리미터 | cm | 센티미터 | m | 미터 |
|---|---|---|---|---|---|---|
| | mm | mm | cm | cm | m | m |
| | | | | | | |

| 들이를 나타내는 단위 | mL | 밀리리터 | L | 리터 |
|---|---|---|---|---|
| | mL | mL | L | L |
| | | | | |

| 무게를 나타내는 단위 | mg | 밀리그램 | g | 그램 | kg | 킬로그램 |
|---|---|---|---|---|---|---|
| | mg | mg | g | g | kg | kg |
| | | | | | | |

# 4장

## 마음 힘이 자라는 말 따라 쓰기

바른 글씨 기초를 충분히 연습했으니
소중한 뜻을 지닌 단어와 문장들을 내 글씨로 완성해 봐요.
한 자 한 자 단정하게 따라 쓰다 보면
내 글씨와 자세가 가지런해지며 마음에도 단단한 힘이 자라요.

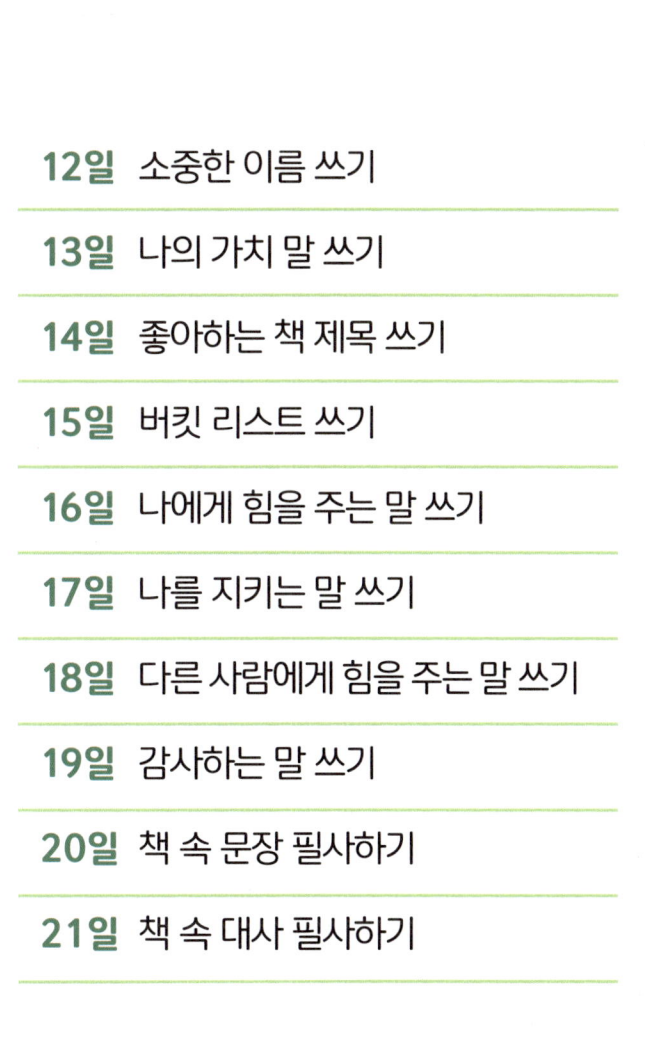

| 12일 | 소중한 이름 쓰기 |
| 13일 | 나의 가치 말 쓰기 |
| 14일 | 좋아하는 책 제목 쓰기 |
| 15일 | 버킷 리스트 쓰기 |
| 16일 | 나에게 힘을 주는 말 쓰기 |
| 17일 | 나를 지키는 말 쓰기 |
| 18일 | 다른 사람에게 힘을 주는 말 쓰기 |
| 19일 | 감사하는 말 쓰기 |
| 20일 | 책 속 문장 필사하기 |
| 21일 | 책 속 대사 필사하기 |

# 12일 소중한 이름 쓰기

여러분이 살면서 가장 많이 쓰게 되는 것 중 하나가 아마 이름일 거예요. 학용품에도, 숙제에도, 어른이 되어 신청서나 서류를 낼 때도 꼭 쓰는 게 내 이름이에요. 누구나 알아보기 좋게 바르게 써 봐요.

내 이름은 김라온 입니다.

나, 김라온 (은)는 책을 좋아합니다.

## 소중한 내 이름 쓰기

내 이름을 바르게 써서 문장을 완성해 보세요. 이름 글자 수가 많은 친구들을 위해 네 칸을 넣었어요. 앞 칸부터 써요.

내 이름은 ☐☐☐☐ 입니다.

나, ☐☐☐☐ (은)는 소중한 사람입니다.

나, ☐☐☐☐ (은)는 사랑스럽습니다.

나, ☐☐☐☐ (은)는 아름다운 사람입니다.

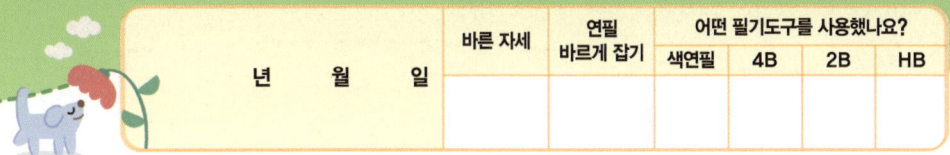

## 다양한 곳에 내 이름 쓰기

학용품, 시험지 등 이름을 써야 하는 곳에 내 이름을 바르게 써 보세요.

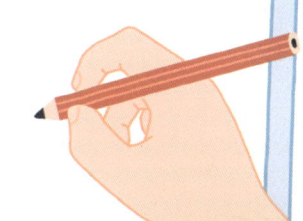

## 소중한 다른 사람 이름 쓰기

문장을 읽고 떠오르는 주변 사람의 이름도 넣어서 써 보세요. 가족, 친구, 선생님의 이름을 써도 좋아요.

 (은)는 다정하고 친절합니다.

 (은)는 밝고 활기찹니다.

 (은)는 웃을 때 참 예쁩니다.

 (은)는 조용하고 이야기를 잘 들어 줍니다.

 (은)는 사람들을 웃게 만듭니다.

(은)는 자신감 있게 말합니다.

|  |  |  |  | (은)는 약속을 잘 지킵니다. |

|  |  |  |  | (은)는 말을 따뜻하게 합니다. |

|  |  |  |  | (은)는 누구에게나 인사를 잘합니다. |

|  |  |  |  | (은)는 다른 사람을 잘 도와줍니다. |

|  |  |  |  | (은)는 마음과 생각이 깊습니다. |

|  |  |  |  | (은)는 다른 사람을 존중합니다. |

# 13일 나의 가치 말 쓰기

사람이 살면서 소중하게 생각하고 지키려는 것을 '가치'라고 해요. 가치를 평소 잘 지키면 매일매일 나 자신을 당당하고 아름답게 세울 수 있지요. 마음에 새기며 따라 써 봐요.

사랑　용기　정직　성실

자신감　믿음　이해　존중

## 아름다운 가치 말 쓰기

가치 말을 빈칸에 바르게 두 번 따라 써서 문장을 완성해 보세요.

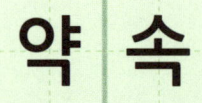

나는 나 자신과의  을 잘 지킵니다.

약 속 을 지키면 나를 더 믿게 됩니다.

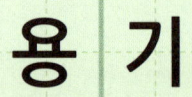

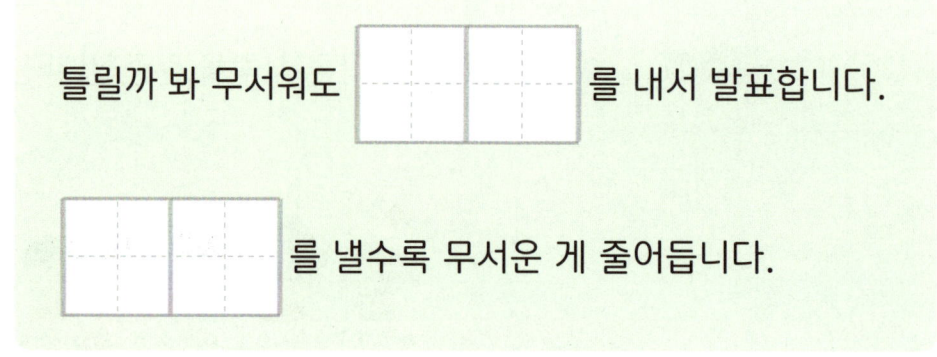

틀릴까 봐 무서워도 _____ 를 내서 발표합니다.

_____ 를 낼수록 무서운 게 줄어듭니다.

| 년 월 일 | 바른 자세 | 연필 바르게 잡기 | 어떤 필기도구를 사용했나요? | | | |
|---|---|---|---|---|---|---|
| | | | 색연필 | 4B | 2B | HB |
| | | | | | | |

## 겸손

나는 ____ 한 마음으로 배웁니다.

다 안다고 하지 않고 ____ 하면 더 많이 배우게 됩니다.

## 배려

친구가 불편하지 않게 ____ 합니다.

____ 해서 편안해지면 함께 더욱 즐겁습니다.

## 보람

____ 은 어려운 일을 끝까지 해냈을 때 옵니다.

____ 을 느끼면 힘든 마음도 사라집니다.

| 인 | 내 |

한 번 해서 잘 안 되는 일에는 ☐☐가 필요합니다.

☐☐하며 여러 번 하면 결국 잘하게 됩니다.

| 책 | 임 |

내가 한 말에는 ☐☐을 집니다.

☐☐을 지는 사람은 믿음이 갑니다.

| 이 | 해 |

잘 모르겠는 동생의 마음도 ☐☐해 봅니다.

☐☐는 서로 다른 마음도 이어 줍니다.

| 감 | 사 |

작은 일에도 [    ] 할 줄 압니다.

[    ] 는 세상에 얼마나 많은 것들이 나를 도와주고 있는지 알려 줍니다.

| 사 | 랑 |

[    ] 받는 느낌이 들면 행복합니다.

나도 다른 사람에게 [    ] 을 선물할 수 있습니다.

| 친 | 절 |

남뿐만 아니라 나에게도 [    ] 하게 대합니다.

나에게 [    ] 하면 마음이 든든해집니다.

 **좋아하는 책 제목 쓰기**

### 줄을 맞추어서 글씨 쓰기

오늘부터는 칸이 아닌 줄 위에 글씨 쓰기를 연습해요. 왼쪽 편 사과와 오른쪽 편 사과를 보세요. 어느 쪽이 더 보기 좋나요? 가지런히 놓인 사과가 더 정돈된 느낌이 들지요?

*가지런히 놓인 사과가 보기 좋아요!*

글씨도 마찬가지랍니다. 아래 3가지를 지키면서 줄 위에 글씨를 가지런히 써 봐요.

① 각 글자의 크기를 일정하게 써요.
② 알맞은 간격으로 띄어 써요.
③ 각 글자의 높이를 일정하게 맞추어서 써요.

**바른 글씨**

### 줄에 맞추어 책 제목 쓰기

재미있는 어린이책의 제목과 작가를 줄 위에 가지런히 써 봐요. 나중에 직접 읽어 봐도 좋아요.

블랙아웃   박효미 글

마법의 설탕 두 조각   미하엘 엔데 글

| 년 월 일 | 바른 자세 | 연필 바르게 잡기 | 어떤 필기도구를 사용했나요? | | | |
|---|---|---|---|---|---|---|
| | | | 색연필 | 4B | 2B | HB |
| | | | | | | |

댕기머리 탐정 김영서     정은숙 글

만복이네 떡집     김리리 글

굿모닝, 굿모닝?     한정영 글

엄마가 사라진 날     고정욱 글

마당을 나온 암탉     황선미 글

화요일의 두꺼비     러셀 에릭슨 글

별이 된 라이카     박병철 글

오깜빡 선생님과 노빵점 교실     이란실 글

## 책 추천 글 쓰기

재미있는 책을 친구에게 추천해 봐요. 책 제목과 추천 이유 한 문장을 줄에 잘 맞추어 써요.

블랙아웃

대정전이 일어난 뒤의 일이 흥미진진하다.

마법의 설탕 두 조각

가족의 소중함을 새삼 깨닫게 된다.

화요일의 두꺼비

서로 친구가 되는 이야기가 멋지다.

만복이네 떡집

떡 이야기가 뭐든 해 볼 용기를 준다.

오깜빡 선생님과 노빵점 교실

실수하더라도 소중한 것을 배울 수 있다.

마당을 나온 암탉

삶의 주인이 되는 법을 알게 된다.

## 15일 버킷 리스트 쓰기

버킷 리스트는 언젠가는 꼭 해 보고 싶은 일을 적은 목록이에요. 버킷 리스트를 만들면 생각한 일들을 잊지 않고 하나씩 해 볼 수 있게 되지요. 내 소망과 꿈을 담아서 한 자 한 자 바르게 써 봐요.

### 버킷 리스트

- ♥ 한 달 동안 하고 싶은 일만 하기
- ♥ 자전거 타고 전국 일주하기
- ♥ 영어로 멋진 연설하기
- ♥ 바이올린 연주하기
- ♥ 1년 동안 책 50권 읽기
- ♥ 일상을 소개하는 유튜버 되기
- ♥ 한국사 능력 시험 3급 따기
- ♥ 친구와 잠옷 파티하기
- ♥ 머리를 아주 짧게 잘라 보기

꼭 해 보고 싶은 일을 쓰고, 잘 보이는 곳에 붙여 두어요.

하고 싶은 일을 다 하게 될 거예요.

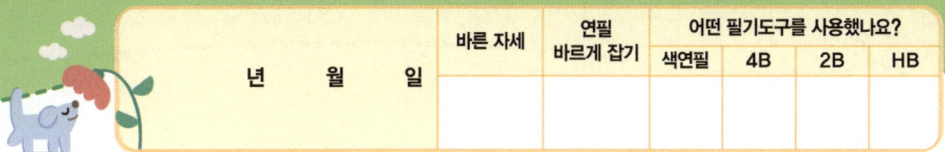

| 년 | 월 | 일 | 바른 자세 | 연필 바르게 잡기 | 어떤 필기도구를 사용했나요? |||
|---|---|---|---|---|---|---|---|
| | | | | | 색연필 | 4B | 2B | HB |

### 새해 버킷 리스트 쓰기
올해 꼭 이루고 싶은 것을 새해에 정리하기도 해요. 여러분도 하고 싶은 일을 상상하며 바르게 따라 써 봐요.

새해 버킷 리스트

가족에게 맛있는 요리해 주기

좋아하는 아이돌 콘서트 가기

유기견 단체에 봉사하러 가기

좋아하는 책 100권 읽기

일상을 소개하는 유튜버 되기

한국사 능력 시험 1급 따기

친구들과 잠옷 파티하기

## 10년 뒤 버킷 리스트 쓰기

10년 뒤 미래에 꼭 이루고 싶은 것을 상상하며 버킷 리스트를 써 봐요.

맨 아래에는 여러분이 직접 써요.

### 10년 뒤 버킷 리스트

♥ 자전거로 전국 일주하기

♥ 세계로 배낭여행 가기

♥ 기타 연주를 배워서 콘서트 열기

♥ 내 이름으로 책 출판하기

♥ 운전면허 따서 운전하기

♥ 번지 점프에 도전하기

♥

♥ 가고 싶은 학교에 들어가기

♥ 제주도에서 한 달 살기

♥ 신비한 오로라 보러 가기

♥ 10Km 마라톤 완주하기

♥ 디저트 10가지 만들어 보기

♥ 해외 자원 봉사 활동하기

♥

# 16일 나에게 힘을 주는 말 쓰기

나를 가장 잘 알고 사랑하는 사람은 누구일까요? 바로 나예요! 스스로에게 사랑하고 믿는다고 자주 말하고 바르게 써 봐요. 말이 나에게 주는 힘을 느낄 수 있어요.

칸 안의 말을 따라 써 봐요.

나를 사랑하는 말

요즘 나 자신에게 해 주고 싶은 말이 있나요? 힘들고 지칠 때는 위로와 용기의 말을 건네 주세요. 그리고 마음을 담아 써 보세요.

나에게 용기를 주는 말

### 나를 사랑하는 말 쓰기

자신을 사랑하고 아끼는 마음을 담아 바르게 따라 써 봐요.

나는 세상에 하나뿐인 사람입니다.

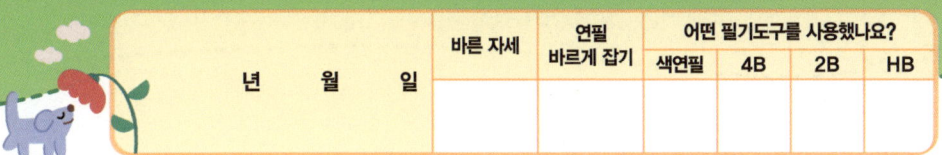

나는 이루고 싶은 꿈이 있습니다.

나는 반짝반짝 빛나는 사람입니다.

나를 아끼고, 남도 아낍니다.

나는 여러 사람에게 사랑받고 있습니다.

⭐

힘든 순간도 이겨 낼 수 있습니다.

⭐

내 몸 구석구석 모두 소중합니다.

 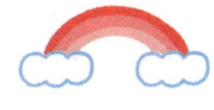 

나 자신을 존중하는 말을 씁니다.

⭐

잘하지 못해도 나는 소중합니다.

⭐

나는 실수해도 배울 수 있습니다.

# 17일 나를 지키는 말 쓰기

나를 아끼고 사랑하는 사람은 자기의 생각과 의견을 당당히 말할 줄 알아요. 나의 소중한 마음과 몸을 누구도 함부로 하지 않게 지킬 줄도 알지요. 그 말들을 자신 있게 꼭꼭 눌러 써 봐요.

칸 안의 말을 따라 써 봐요.

### 나를 지키는 말 쓰기
나의 소중한 마음과 몸을 지켜 주는 단단한 말을 바르게 써 봐요.

나의 주인은 나 자신입니다.

싫은 건 싫다고 말할 수 있습니다.

| 년 월 일 | 바른 자세 | 연필 바르게 잡기 | 어떤 필기도구를 사용했나요? | | | |
|---|---|---|---|---|---|---|
| | | | 색연필 | 4B | 2B | HB |
| | | | | | | |

하고 싶은 일은 스스로 결정합니다.

★

감정을 솔직하게 말할 수 있습니다.

★

내 몸을 다치지 않게 잘 지킵니다.

내 몸에 좋은 음식을 먹습니다.

내 의견과 생각은 소중합니다.

힘들면 도와달라고 할 수 있습니다.

놀리는 친구에게는 하지 말라고 합니다.

속상한 일도 찬찬히 말할 수 있습니다.

울고 싶으면 울어도 괜찮습니다.

# 18일 다른 사람에게 힘을 주는 말 쓰기

힘들어하거나 어려움에 처한 사람에게 따뜻한 말을 건네 봐요. 간단한 말로도 큰 위로를 전할 수 있어서 아주 보람 있을 거예요.

다른 사람을 칭찬하는 말

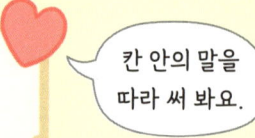
칸 안의 말을 따라 써 봐요.

다른 사람을 위로하는 말

### 다른 사람에게 힘을 주는 말 쓰기

따뜻한 말 한마디가 다른 사람에게 큰 힘을 줄 수 있어요. 바르게 따라 써 봐요.

선생님께

정말 감사합니다. 사랑합니다.

김나은에게

너와 함께 있으면 기분이 좋아.

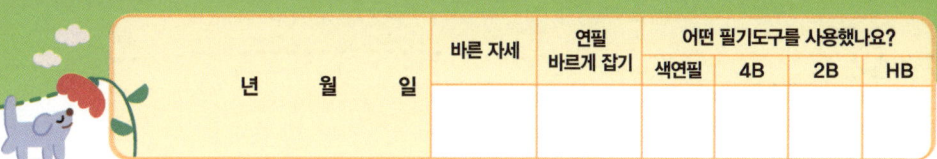

| 년 월 일 | 바른 자세 | 연필 바르게 잡기 | 어떤 필기도구를 사용했나요? | | | |
|---|---|---|---|---|---|---|
| | | | 색연필 | 4B | 2B | HB |

리재에게

나는 언제나 네 편이라는 것을 기억해.

지민이에게

우리 같이 맛있는 거 먹으러 가자.

지수에게

그거 아니? 너는 웃는 모습이 참 예뻐.

**다른 사람을 위로하는 말 쓰기**

실망하거나 힘들어하는 사람들을 따뜻하게 위로해 주는 말을 바르게 따라 써 봐요.

당신은 최선을 다했어요. 자신을 믿어요.

틀려도 괜찮아요. 기회가 또 있어요.

조바심 내지 않고 천천히 해도 돼요.

늘 응원하고 있다는 걸 기억해요.

너무 완벽하지 않아도 돼요. 충분해요.

힘들면 이야기를 들어 줄게요.

# 19일 감사하는 말 쓰기

매일매일은 특별하지 않은 것 같아도 알고 보면 감사할 일로 넘친답니다. 오늘 감사한 일을 바른 글씨로 써 봐요. 내가 많은 혜택을 받고 산다는 걸 깨닫게 될 거예요.

식사를 준비해 주신 아빠께 감사해요.

나랑 같이 놀아 준 형에게 고마워요.

나를 생각해 주는 부모님께 고맙습니다.

바른 글씨를 연습하게 해 주는 책에게 감사해요.

마음껏 뛰어놀게 하는 내 다리에게 감사합니다.

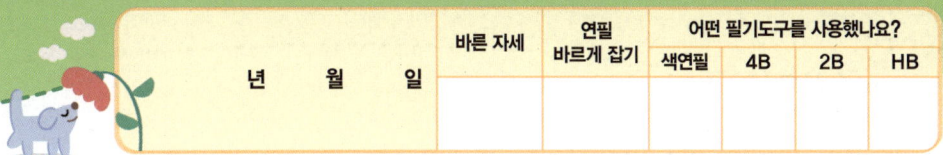

| 년 월 일 | 바른 자세 | 연필 바르게 잡기 | 어떤 필기도구를 사용했나요? | | |
|---|---|---|---|---|---|
| | | | 색연필 | 4B | 2B | HB |

## 가족, 친구, 선생님에게 감사하는 말 쓰기

주변 사람들의 수고와 배려에 고마운 마음을 담아 바르게 써 봐요.

내 말을 들어 주는 친구가 고마워요.

나를 예뻐해 주시는 할머니께 감사합니다.

우리를 가르쳐 주시는 선생님, 감사해요.

**사물, 장소, 하루를 돌아보고 감사하는 말 쓰기**
당연한 것 같지만 다시 생각해 보면 정말 감사한 주변의 것들을 써요.

가족을 지켜 주는 집에게 감사해요.

글씨를 쓰게 해 주는 연필에게 감사합니다.

맑은 공기를 쐴 수 있어서 감사합니다.

매일 따뜻한 이불에서 잘 수 있어 감사합니다.

아플 때 약을 먹을 수 있어 감사합니다.

반갑게 맞아 주는 강아지야, 고마워.

# 20일 책 속 문장 필사하기

책을 읽다 보면 오래 기억하고 싶은 좋은 문장을 만날 때가 있어요. 그럴 때 천천히 따라 써 보는 것을 '필사'라고 해요. 내용과 의미가 잘 이해되는 것은 물론, 마음이 편안해지고 단단해지는 느낌이 드는 활동이랍니다.

### 책 속 문장 필사하기

실제 어린이책에 나오는 문장이에요. 바르게 따라 써 봐요.

투명 의자

투명 의자

윤해연 지음    별숲 펴냄

용기는 가까이에 있다.

나와 너 사이에, 나와 친구들 사이에, 나와 가족들 사이에, 나와 사람들 사이에…….

한밤중 달빛 식당

한밤중 달빛 식당

이분희 지음    비룡소 펴냄

집을 나왔어. 길은 어둡고

갈 데가 없었지. 어떤 아저씨가

비틀거리며 내 앞을 지나갔어.

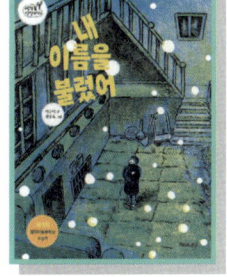

내 이름을 불렀어

내 이름을 불렀어

이금이 지음    해와나무 펴냄

내가 세상에서

가장 힘들어하는 일은

얌전히 앉아 있는 거다.

길모퉁이 행운 돼지

길모퉁이 행운 돼지

김종렬 지음    다림 펴냄

제가 오기를 바란 건 사람들

입니다. 저는 단지, 원하는

사람들에게 행운을 나눠

드렸을 뿐이랍니다.

컵 고양이 후루룩

컵 고양이 후루룩

보린 지음    낮은산 펴냄

3분이면 OK

뜨거운 물만 부으면 나만의 친구

귀여운 애완동물이 나옵니다.

오깜빡 선생님과
노빵점 교실

오깜빡 선생님과 노빵점 교실

이란실 지음   파스텔하우스 펴냄

키가 작은 아이는

키가 더 작은 친구에게

앞자리를 내어 주었어요.

맨 앞에 서는 것보다

우산을 함께 잘 쓰는 게

더 중요했거든요.

# 21일 책 속 대사 필사하기

책에 나오는 인물들이 하는 말을 '대화 글' 또는 '대사'라고 해요. 내 마음에 와닿는 대사들을 필사해 봐요. 대사는 따옴표 안에 넣어서 써야 하니 문장 부호도 바르게 사용해요.

| . | , | ? | ! | " " | ' ' | … | … |
|---|---|---|---|---|---|---|---|
| 마침표 | 쉼표 | 물음표 | 느낌표 | 큰따옴표 | 작은따옴표 | 말줄임표 ||

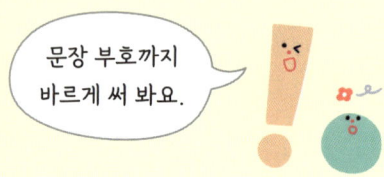

문장 부호까지 바르게 써 봐요.

## 책 속 대사 필사하기

실제 어린이책에 나오는 대사예요. 문장 부호까지 넣어서 바르게 따라 써 봐요.

**댕기머리 탐정 김영서**

댕기머리 탐정 김영서

정은숙 지음   뜨인돌어린이 펴냄

"배우는 건 재밌어요.

그런데 앞으로 공부를

계속할까는 생각 중이에요."

녹색 인간

녹색 인간

신양진 지음    별숲 펴냄

"녹색 인간이 되는 게

우리들 꿈인데요."

우리는 닭살 커플

우리는 닭살 커플

김리리 글    비룡소 펴냄

"너 초등학생이 얼마나

힘든 줄 알아? 만날 시험만

보고 선생님도 정말 무서워.

놀리는 애들도 있어."

똘복이가 돌아왔다

똘복이가 돌아왔다

이경순 지음    마주별 펴냄

"너처럼 저승으로 못 간

영혼을 만났다고?"

사라진 아이들

사라진 아이들

남찬숙 글    문학동네어린이 펴냄

"공부를 좀 못 하면 어때?

뚱뚱하면 또 어때?

너처럼 착한 아이를

두고 그런 말을 하다니!"

오깜빡 선생님과
노빵점 교실

오깜빡 선생님과 노빵점 교실

이란실 지음    파스텔하우스 펴냄

"친구는 갖는 게 아니란다.

친구는 먼저

되어 주는 거야.

그럼 그 친구도

내 친구가 되어 주지. 에헴."

# 5장
## 학교에서 자주 쓰는 글 따라 쓰기

원고지, 일기, 독후감, 자기소개 등
학교에서는 다양한 글을 쓰게 돼요.
여러 종류의 글을 바른 글씨로 따라 쓰면서
각 글의 특징과 잘 쓰는 방법까지 익혀 봐요.

- **22일** 원고지 쓰기
- **23일** 독서록, 일기 쓰기
- **24일** 알리고 광고하는 글 쓰기
- **25일** 선거 포스터, 자기소개 쓰기
- **26일** 손 편지 쓰기

## 22일 원고지 쓰기

### 왜 원고지에 글을 쓸까요?

원고지는 글(원고)을 쓰기 편하게 만든 칸이 있는 종이예요. 한 장에 글자 200자가 들어가는 200자 원고지, 한 장에 글자 400자가 들어가는 400자 원고지를 가장 많이 쓰지요.

원고지에 글을 쓸 때 좋은 점은 글의 양을 계산하기 편하다는 거예요. 또 띄어쓰기와 문단도 잘 구분되어서 쓰고 난 다음에도 편하게 읽을 수 있답니다.

200자 원고지

400자 원고지

다 쓰고 난 다음 원고지 매수에 200을 곱하면 전체 글자 수를 알 수 있어요.

학교에서 글쓰기 숙제나 글짓기 대회를 할 때에도 원고지를 사용하는 경우가 많아요. 그러니 원고지 쓰는 법을 잘 배우고 함께 따라 써 봐요.

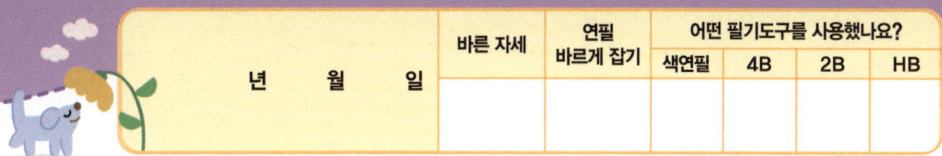

| 년 월 일 | 바른 자세 | 연필 바르게 잡기 | 어떤 필기도구를 사용했나요? | | | |
|---|---|---|---|---|---|---|
| | | | 색연필 | 4B | 2B | HB |
| | | | | | | |

## 200자 원고지 쓰는 법

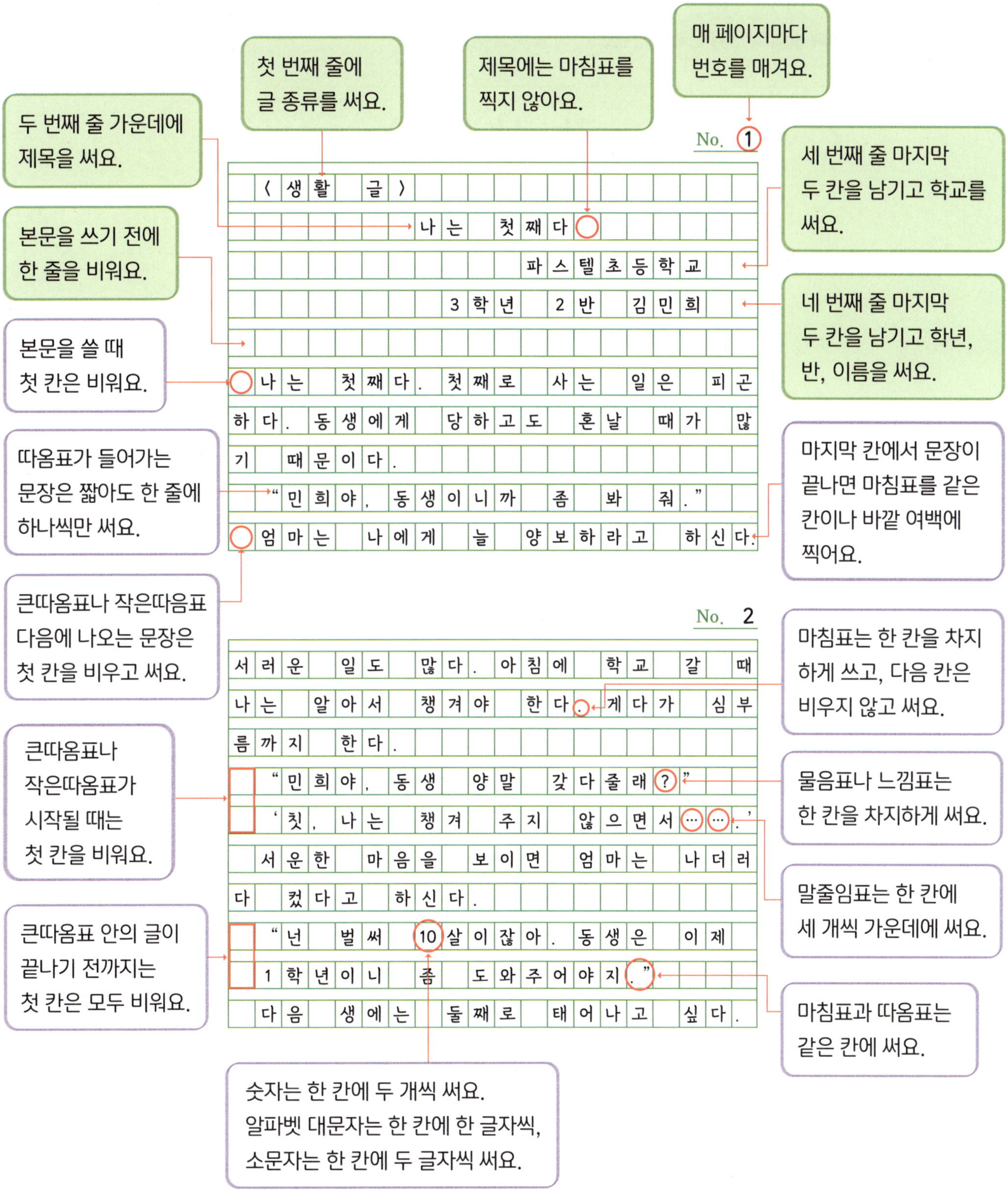

첫 번째 줄에 글 종류를 써요.
제목에는 마침표를 찍지 않아요.
매 페이지마다 번호를 매겨요.
두 번째 줄 가운데에 제목을 써요.
세 번째 줄 마지막 두 칸을 남기고 학교를 써요.
본문을 쓰기 전에 한 줄을 비워요.
네 번째 줄 마지막 두 칸을 남기고 학년, 반, 이름을 써요.
본문을 쓸 때 첫 칸은 비워요.
따옴표가 들어가는 문장은 짧아도 한 줄에 하나씩만 써요.
마지막 칸에서 문장이 끝나면 마침표를 같은 칸이나 바깥 여백에 찍어요.
큰따옴표나 작은따옴표 다음에 나오는 문장은 첫 칸을 비우고 써요.
No. 1
〈 생활 글 〉
나는 첫째다
파스텔초등학교
3학년 2반 김민희
나는 첫째다. 첫째로 사는 일은 피곤
하다. 동생에게 당하고도 혼날 때가 많
기 때문이다.
“민희야, 동생이니까 좀 봐 줘.”
엄마는 나에게 늘 양보하라고 하신다.
No. 2
서러운 일도 많다. 아침에 학교 갈 때
나는 알아서 챙겨야 한다. 게다가 심부
름까지 한다.
“민희야, 동생 양말 갖다줄래?”
‘칫, 나는 챙겨 주지 않으면서……’
서운한 마음을 보이면 엄마는 나더러
다 컸다고 하신다.
“넌 벌써 10살이잖아. 동생은 이제
1학년이니 좀 도와주어야지.”
다음 생에는 둘째로 태어나고 싶다.
마침표는 한 칸을 차지하게 쓰고, 다음 칸은 비우지 않고 써요.
큰따옴표나 작은따옴표가 시작될 때는 첫 칸을 비워요.
물음표나 느낌표는 한 칸을 차지하게 써요.
말줄임표는 한 칸에 세 개씩 가운데에 써요.
큰따옴표 안의 글이 끝나기 전까지는 첫 칸은 모두 비워요.
마침표과 따옴표는 같은 칸에 써요.
숫자는 한 칸에 두 개씩 써요. 알파벳 대문자는 한 칸에 한 글자씩, 소문자는 한 칸에 두 글자씩 써요.

## 원고지 쓰기 연습하기

원고지 쓰는 법을 다시 읽고 아래 줄에 한 번씩 써 보세요.

### 1. 글 종류 쓰기
글 종류는 첫 번째 줄의 두 번째 칸부터 앞뒤로 〈 〉를 하고 써요.

| | 〈 | 독 | 서 | | 감 | 상 | 문 | 〉 | | |
|---|---|---|---|---|---|---|---|---|---|---|
| | 〈 | 독 | 서 | | 감 | 상 | 문 | 〉 | | |

### 2. 제목 쓰기
제목은 두 번째 줄의 가운데 오도록 써요(제목에는 마침표를 찍지 않아요.).

| | | | 나 | 는 | | 첫 | 째 | 다 | | |
|---|---|---|---|---|---|---|---|---|---|---|
| | | | 나 | 는 | | 첫 | 째 | 다 | | |

### 3. 학교 이름 쓰기
제목 아래 줄에, 마지막 두 칸을 비우고 써요.

| | | | | 라 | 온 | 초 | 등 | 학 | 교 | |
|---|---|---|---|---|---|---|---|---|---|---|
| | | | | 라 | 온 | 초 | 등 | 학 | 교 | |

### 4. 학년, 반, 이름 쓰기
학교 이름 아래 줄에, 마지막 두 칸을 비우고 써요.

| | 3 | 학 | 년 | | 2 | 반 | | 김 | 라 | 온 | | |

### 5. 큰따옴표 쓰기
큰따옴표가 시작될 때는 첫 칸을 비워요.

| | " | 내 | | 양 | 말 | | 갖 | 다 | 줄 | 래 | ? | " |

### 6. 작은따옴표 쓰기
작은따옴표가 시작될 때에도 첫 칸을 비우고 써요.

| | ' | 정 | 말 | | 속 | 상 | 하 | 다 | . | ' | |

### 7. 말줄임표 쓰기

말줄임표는 한 칸에 세 개씩 가운데에 써요. 세 개만 쓰는 것도 허용돼요.

| | ' | 난 | | 안 | | 챙 | 겨 | 주 | 고 | … | … | . | ' |

### 8. 물음표 쓰기

물음표는 한 칸을 차지하게 써요.

| | " | 밥 | | 먹 | 었 | 어 | ? | " |

### 9. 느낌표 쓰기

느낌표도 한 칸을 차지하게 써요.

| | " | 깜 | 짝 | 이 | 야 | ! | " |

### 10. 숫자 쓰기
숫자는 한 칸에 두 개씩 써요(숫자가 한 개일 때는 한 칸으로 써요.).

| 19 | 45 | 년 | | 8 | 월 | | 15 | 일 | |
| --- | --- | --- | --- | --- | --- | --- | --- | --- | --- |
| 19 | 45 | 년 | | 8 | 월 | | 15 | 일 | |

### 11. 알파벳 대문자 쓰기
대문자는 한 칸에 한 글자씩 써요.

| H | E | L | L | O | | | | | |
| --- | --- | --- | --- | --- | --- | --- | --- | --- | --- |
| H | E | L | L | O | | | | | |

### 12. 알파벳 소문자 쓰기
소문자는 한 칸에 두 글자씩 써요.

| ap | pl | e | | | | | | | |
| --- | --- | --- | --- | --- | --- | --- | --- | --- | --- |
| ap | pl | e | | | | | | | |

# 23일 독서록, 일기 쓰기

**독서록은 무엇일까요?**

독서록은 책을 읽고 난 나의 생각이나 마음을 남기는 글이에요. 책에 대한 간단한 정보를 적은 뒤 내가 책을 읽으며 어떤 생각을 하고, 무엇을 느꼈는지 떠올려서 쓰면 돼요.

**이야기책 독서록 따라 쓰기**

### 이야기책 독서록

책 제목: 굿모닝, 굿모닝?   지은이: 한정영
읽은 날: 2025년 8월 4일   출판사: 미래아이
등장인물: 할아버지, 태풍이(굿모닝), 두리,
         태풍이 전 보호자

　태풍이는 보호자에게 버려졌다. 같이 놀러 나온 것처럼 하다가 버리고 가다니, 정말 화가 났다.
　혼자가 된 태풍이는 어느 할아버지를 만나 가족이 되었다. 할아버지도 가족이 다 미국으로 떠나고 혼자였다. 태풍이가 할아버지 집에 처음 들어서는 장면은 감동적이었다.
　결말이 슬퍼 펑펑 울었지만 강아지를 사랑하는 나에게 잊지 못할 이야기다.

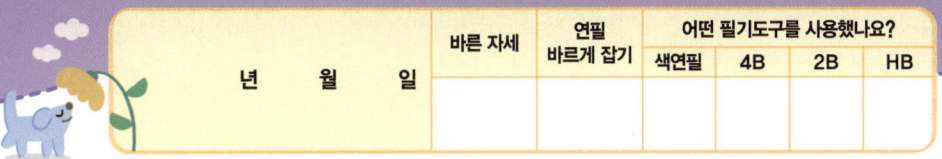

## 정보책 독서록 따라 쓰기

### 정보책 독서록

책 제목: 감정에 이름을 붙여 봐

지은이: 이라일라

읽은 날: 2025년 9월 1일

출판사: 파스텔하우스

등장인물: 주인공, 주인공의 동생, 엄마, 아빠, 할머니, 선생님

　나는 화를 자주 낸다. 그런데 이 책은 화가 나는 것도 나쁜 게 아니라고 해서 마음이 놓였다.
　그리고 누군가가 보고 싶은 마음이 그리움이라고 했다. 나는 작년에 돌아가신 할머니가 보고 싶다. 이게 그리움이겠지?
　여러 감정 단어를 익히니 내 마음을 더 잘 표현할 수 있을 것 같다.

## 일기는 무엇일까요?

일기는 매일 기쁜 일, 슬픈 일 등을 담는 글이에요. 쓰면서 마음을 어루만질 수 있게 해 주지요. 날짜와 날씨를 적고, 하루의 여러 일 중 마음에 사진처럼 콕 박힌 일 한두 가지를 써요.

## 일기 따라 쓰기
오늘 가장 기억에 남는 일을 일기로 따라 써 봐요.

### 나의 일기

날짜: 2025년 12월 2일
날씨: 구름들이 모여 놀러 다녔다.
제목: 아빠와의 설레는 비밀
오늘 내 마음: 기쁘다, 즐겁다, 설렌다, 놀랍다

　아빠가 점심에 조퇴를 하고 오셨다. 머리가 아프다고 방으로 들어가서 주무셨다. 학교 숙제를 막 끝냈는데 아빠가 나오셨다.
　"자고 나니 좀 개운하네. 오늘 같이 게임할까?"
　"진짜요?"
　나란히 앉아서 게임을 했다. 게임하는 아빠가 정말 신나 보였다. 설마 꾀병인가? 나는 속으로 살짝 의심했다.

오늘 있었던 일이 더 생생하게 표현되도록 대화 글도 넣어 따라 써 봐요.

## 나의 일기

날짜: 2025년 12월 10일

날씨: 바람이 나무들을 흔들었다.

제목: 누구하고든 축구는 재미있어!

오늘 내 마음: 놀랍다, 당황스럽다, 기쁘다, 재미있다

　주성이하고 축구장에서 만나기로 했다. 그런데 주성이가 오지 않았다.
　'아, 왜 안 오지?'
　어쩔 수 없이 혼자 공을 차는데 어떤 형이 와서 같이 하자고 했다. 우리는 신나게 축구를 했다.
　"형, 오늘 재밌었어!"
　친구가 아닌 다른 사람하고 축구를 해도 재밌다는 것을 오늘 처음 깨달았다.

# 24일 알리고 안내하는 글 쓰기

## 알리는 글은 무엇일까요?

사람들에게 어떤 일을 알리고 안내하는 글도 있어요. 공공장소나 가게에 붙어 있는 안내문, 행사를 알리는 포스터 속 글 등이에요. 어린이들도 알리는 글을 쓸 일이 있을 거예요. 이때 바른 글씨로 누구나 알아보기 쉽게 써서 보여 주면 더욱 좋겠지요?

### 알림장 쓰기

아래의 준비물, 숙제 등 선생님이 말씀하신 것을 알림장에 옮겨 써요. 알아보기 쉽게 바르게 써 봐요.

```
날짜: 2025년 10월 4일
1. 흐르는 물에 비누로 자주 손 씻기
2. 독서 기록장 1편 쓰기
3. 리코더 연습해 오기
준비물: 양치 도구, 독서 시간에 읽을 책 2권
```

| 날짜 | |
|---|---|
| 1. | |
| 2. | |
| 3. | |
| 준비물 | |

| 년 월 일 | 바른 자세 | 연필 바르게 잡기 | 어떤 필기도구를 사용했나요? | | | |
|---|---|---|---|---|---|---|
| | | | 색연필 | 4B | 2B | HB |
| | | | | | | |

## 다양한 안내문 쓰기
내 방, 화장실, 도서관, 학교 등에 안내문을 써 봐요. 사람들이 보기 편하게 바르게 옮겨 써 봐요.

내 방 앞에 안내문을 써 봐요.

문을 두드려 주세요.
10시 이후에는
들어오지 마세요.

도서관에 안내문을 써 봐요.

조용히 해 주세요.
발소리를 조심하세요.
통화는 나가서 해요.

화장실에 안내문을 써 봐요.

다음 사람을 위해
깨끗하게 써요.
휴지는 휴지통에
버려 주세요.

공원에 안내문을 써 봐요.

잔디를 밟지 마세요.
꽃과 나무를
소중히 지켜 주세요.

## 초대장 쓰기

생일과 파티 초대장을 써요. 초대하는 사람과 이유, 날짜와 장소를 알아보기 쉽게 써요.

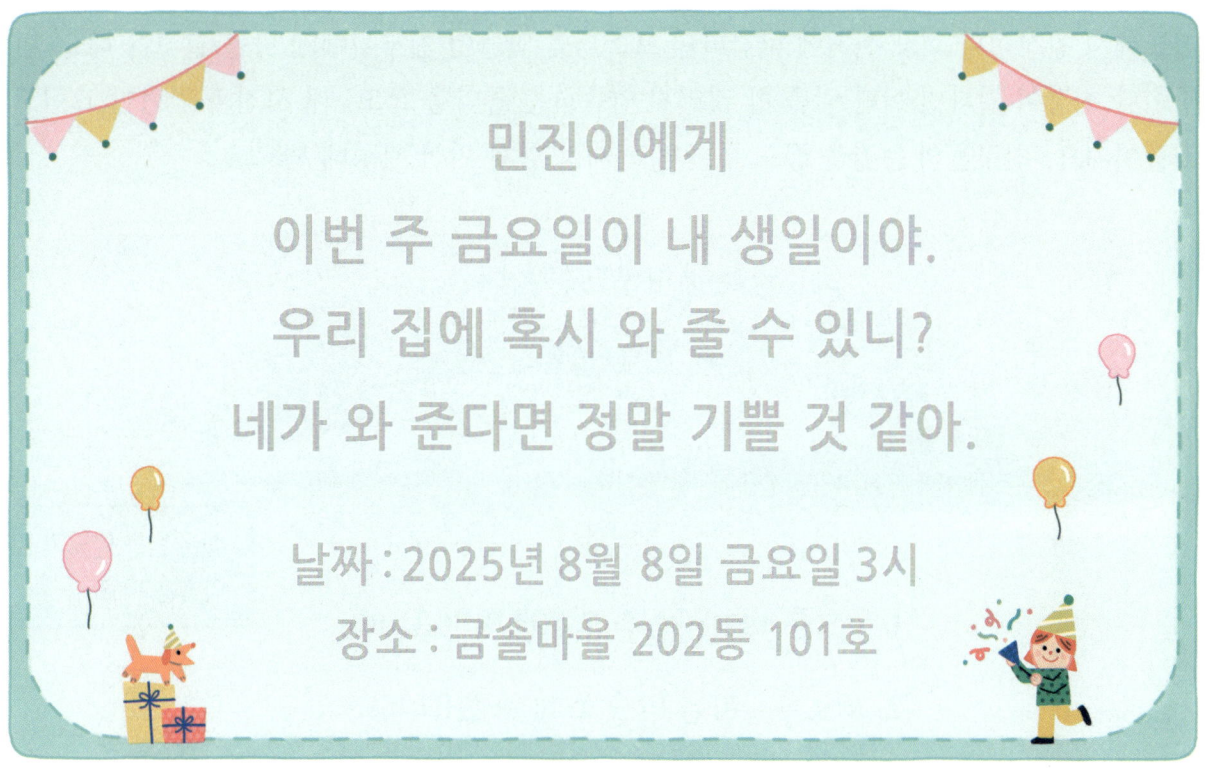

민진이에게

이번 주 금요일이 내 생일이야.
우리 집에 혹시 와 줄 수 있니?
네가 와 준다면 정말 기쁠 것 같아.

날짜 : 2025년 8월 8일 금요일 3시
장소 : 금솔마을 202동 101호

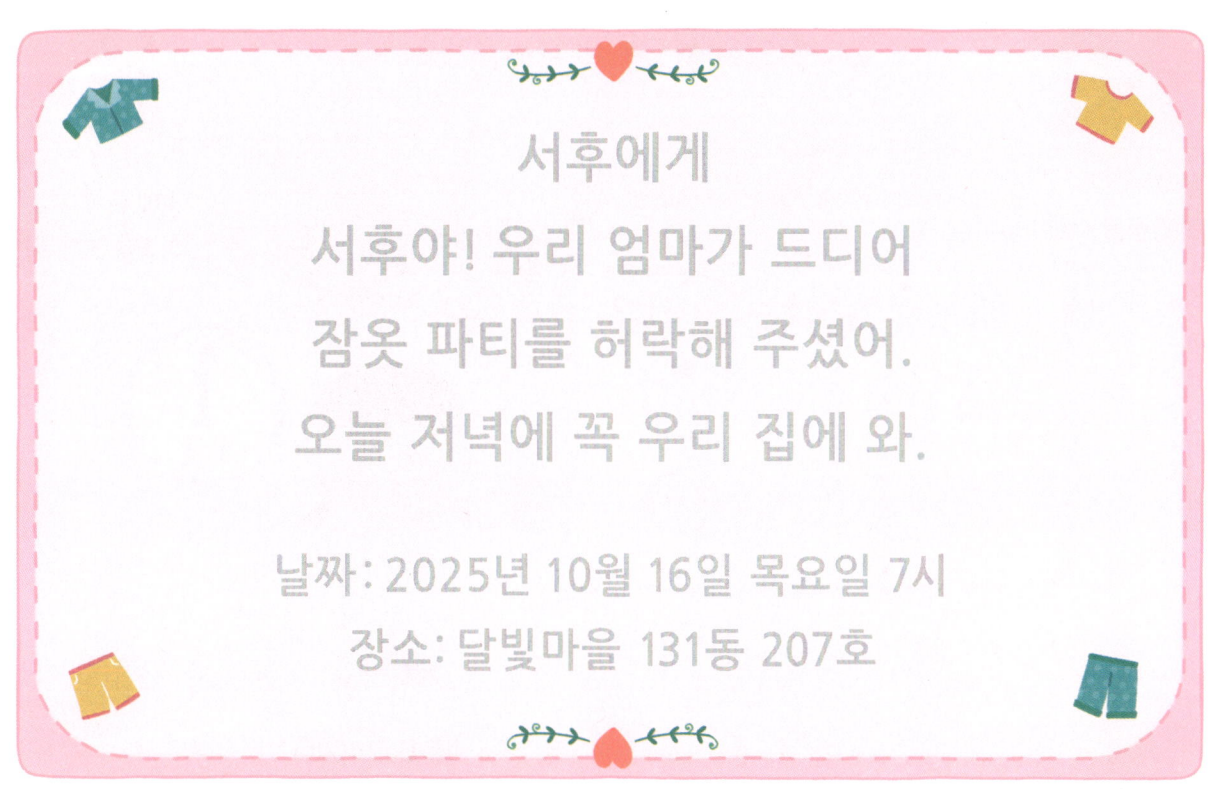

서후에게

서후야! 우리 엄마가 드디어
잠옷 파티를 허락해 주셨어.
오늘 저녁에 꼭 우리 집에 와.

날짜: 2025년 10월 16일 목요일 7시
장소: 달빛마을 131동 207호

# 25일 선거 포스터, 자기소개 쓰기

**선거 포스터는 무엇일까요?**

학교에서 반장이나 회장 선거에 나간다면 포스터를 만들어 친구들에게 나를 알려야 해요. 반장이나 회장이 된다면 어떤 일을 할 것인지 약속하는 공약을 쓰고, 내 사진과 간단한 그림도 곁들이지요. 친구들의 눈길을 끌도록 글씨도 개성 있게 써서 완성해 봐요.

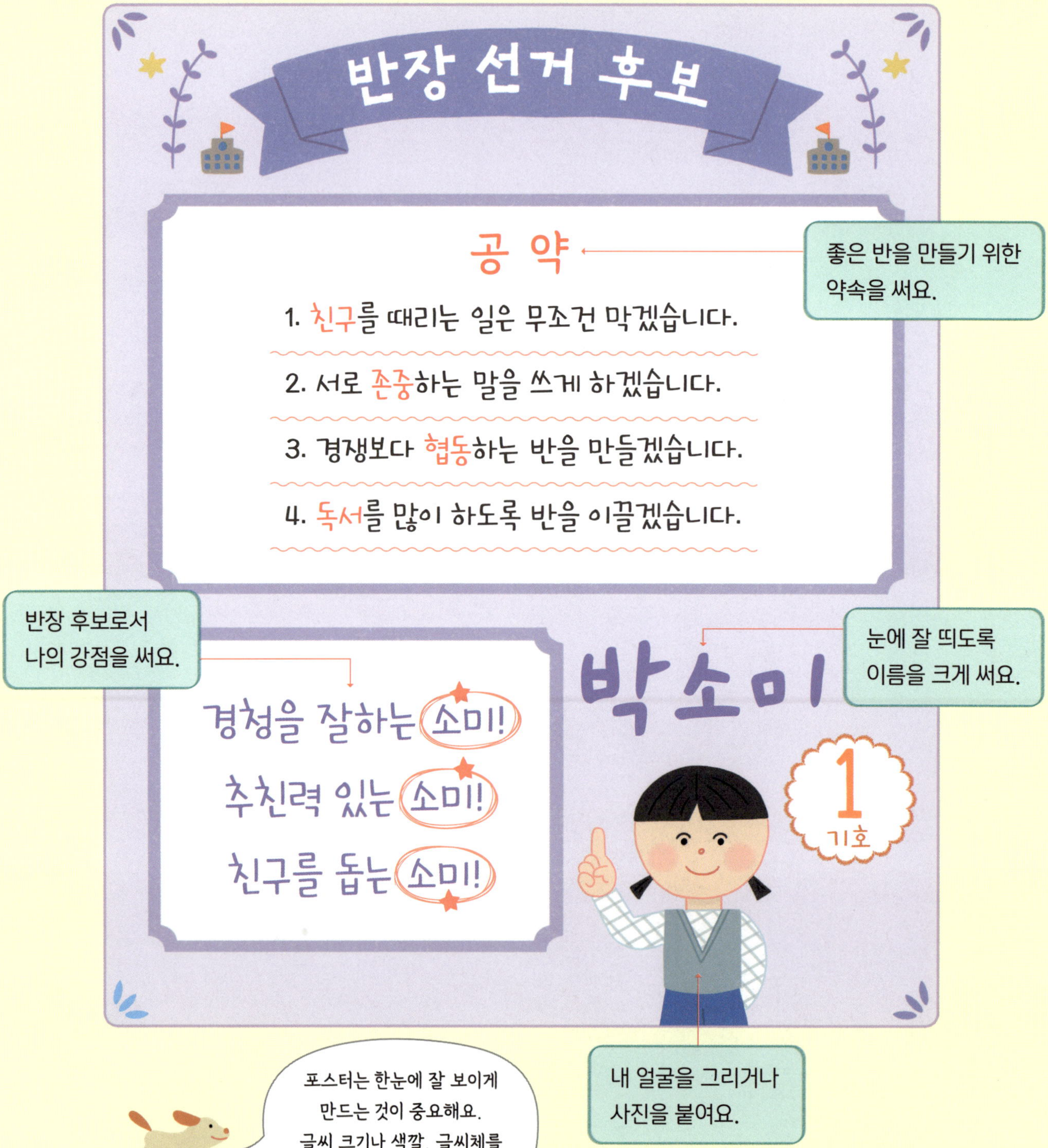

## 반장 선거 후보

### 공 약

1. 친구를 때리는 일은 무조건 막겠습니다.
2. 서로 존중하는 말을 쓰게 하겠습니다.
3. 경쟁보다 협동하는 반을 만들겠습니다.
4. 독서를 많이 하도록 반을 이끌겠습니다.

> 좋은 반을 만들기 위한 약속을 써요.

경청을 잘하는 소미!
추진력 있는 소미!
친구를 돕는 소미!

> 반장 후보로서 나의 강점을 써요.

**박소미**

기호 1

> 눈에 잘 띄도록 이름을 크게 써요.

> 내 얼굴을 그리거나 사진을 붙여요.

> 포스터는 한눈에 잘 보이게 만드는 것이 중요해요. 글씨 크기나 색깔, 글씨체를 다양하게 할 수 있어요.

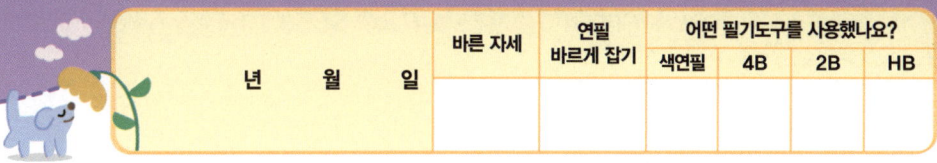

## 나를 알리는 포스터 쓰기
왼쪽의 반장 선거 후보 포스터를 따라 쓰거나 나를 알리는 포스터를 새로 써 봐요.

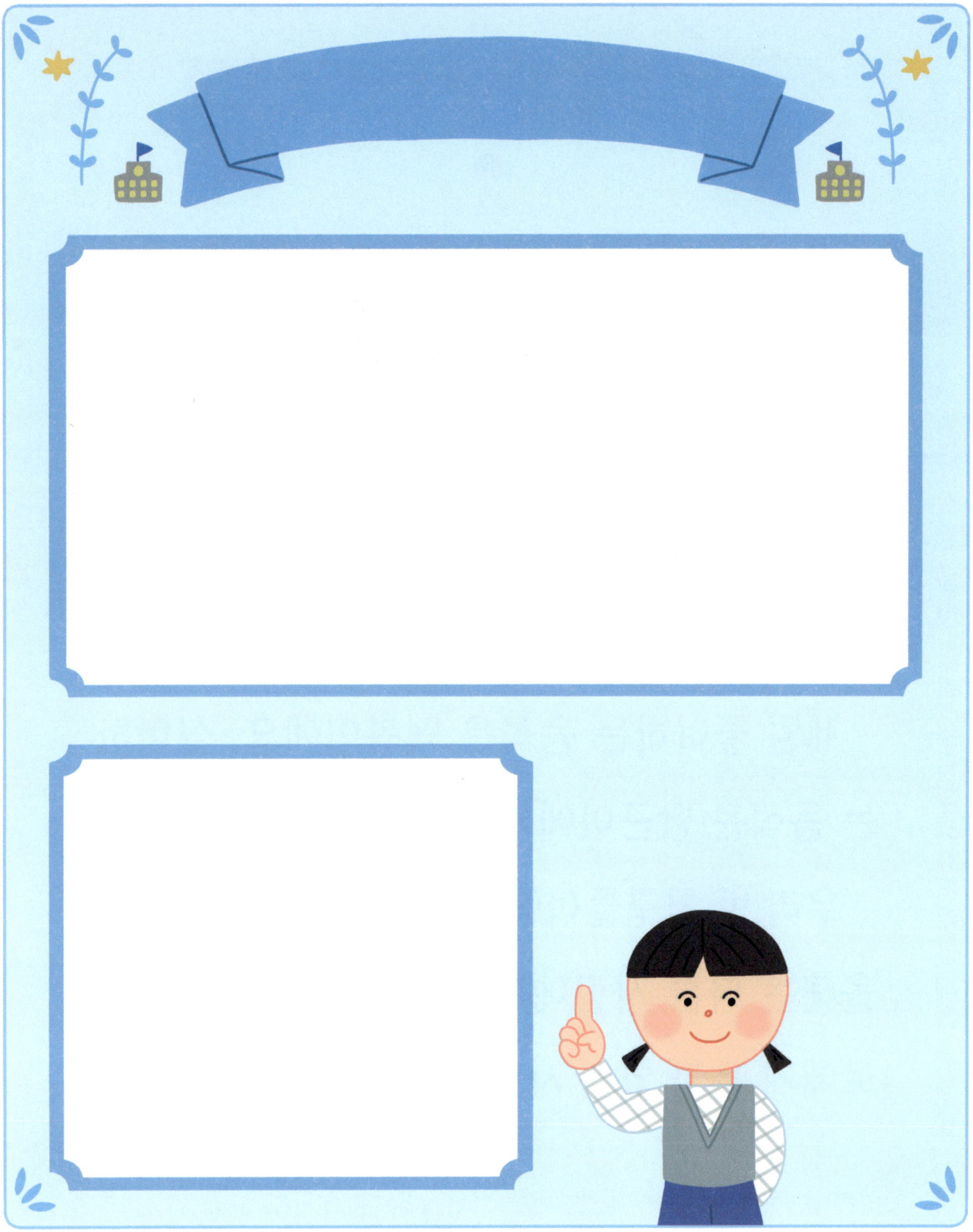

**자기소개란 무엇일까요?**

자기소개는 처음 만나는 사람들에게 글이나 말로 나를 소개하는 거예요. 새학기 첫날, 반에서 자기소개를 하는 경우가 많지요. 대학교에 들어가거나 어른이 되어 회사에 들어갈 때도 자기소개를 담은 자기소개서를 써내요.

안녕하세요! 2학년 1반 김우진입니다. 제 생일은 6월이고, 올해 아홉 살이에요.

제일 좋아하는 것은 그림 그리기예요. 친구랑 이야기하는 것도 좋아해요. 운동으로는 줄넘기를 좋아하고요.

제일 좋아하는 음식은 떡볶이예요. 싫어하는 음식은 당근이에요.

우리 반 친구들이랑 빨리 친해지고 싶어요. 올해는 다른 사람에게 더 친절하고, 나 스스로에게 용기 있는 사람이 되려고 해요.

## 자기소개 쓰기

왼쪽의 자기소개 글을 따라 쓰거나 내 이름과 특징을 담아 새로 써 보세요.

# 26일 손 편지 쓰기

가족과 친구 등 사랑하는 사람과 손 편지를 주고받아 보세요. 손 글씨로 또박또박 쓴 쪽지나 편지는 컴퓨터로 작성한 것보다 따뜻한 마음과 정성을 전달하기가 더 좋아요.

## 간단한 손 편지 쓰기

가까운 사람들에게 손 편지를 써요. 마음을 담아 알아보기 쉽게 바르게 써요.

수민아,
초콜릿을 샀는데
네가 생각났어.
달콤하게 먹으면서
내 생각해 줘.
　　　- 보라가

엄마,
생신 축하드려요.
매일매일 웃게 해
드릴게요.
　　　- 예쁜 딸 올림

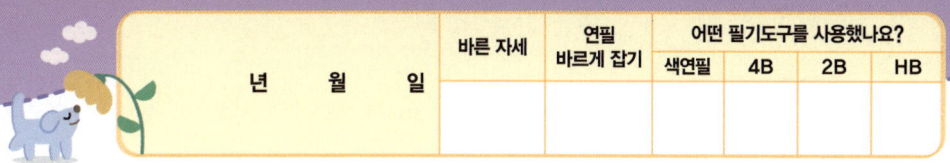

## 형식에 맞게 편지 쓰기

이번에는 긴 손 편지를 따라 써 봐요. 형식을 맞추어서 쓰면 하고 싶은 말과 마음을 효과적으로 전할 수 있어요.

받는 사람 이름 → 김하늬 선생님께

첫 인사와 간단한 용건 → 선생님, 안녕하세요? 4학년 때 선생님 반이었던 하준이에요. 찾아뵙기가 쑥스러워서 편지를 쓰게 되었어요.

전하고 싶은 말 → 제가 친구들과 서먹해서 학교 다니기 싫어했을 때 선생님께서 위로해 주셔서 큰 힘이 되었어요.

지금은 마음 맞는 친구 둘과 매일 붙어 다녀요. 고민을 눈치채고 들어 주신 선생님 덕분이에요.

선생님! 저는 아직 어리지만 언젠가 선생님의 고민도 들어드리고 싶어요. 감사해요.

쓴 날짜 → 2025년 10월 2일

보내는 사람 이름 → 최하준 올림

## 손 글씨로 상장과 쿠폰 쓰기
나 자신과 다른 사람을 칭찬하며 상장을 써서 건네 봐요. 상품으로 오른쪽 페이지의 쿠폰을 써 주어도 좋아요.

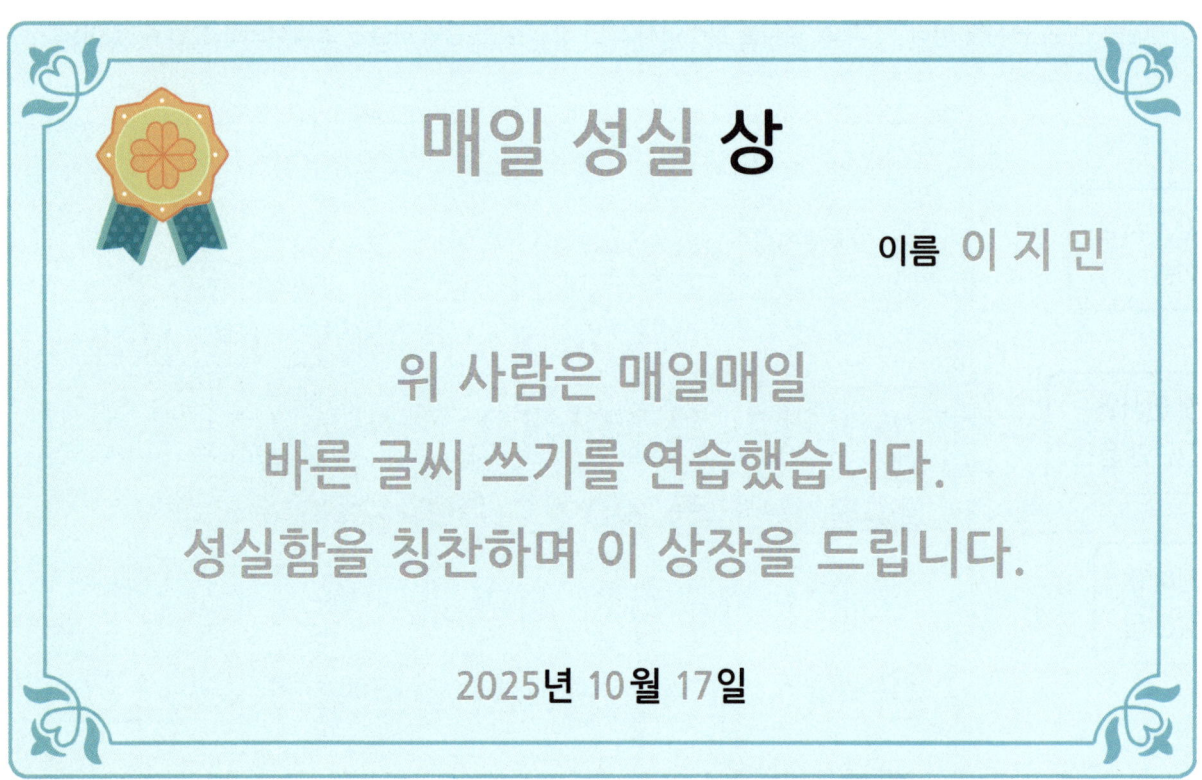

상

이름

년    월    일

* 125쪽의 상장과 쿠폰을 바른 글씨로 쓰고 오려서 소중한 사람에게 직접 전해 주어도 좋아요.

# 6장

## 나를 사랑하고 응원하는 글 필사하기

오현선 선생님이 친구들에게 주는 따스한 응원 글을 따라 써 봐요.
글을 마음에 새기며 따라 쓰는 걸 '필사'라고 하지요.
쓰다 보면 마음이 정돈되고 용기와 힘이 날 거예요.

**27일** 나를 사랑하는 글

**28일** 친구 관계를 응원하는 글

**29일** 감정을 위로하는 글

**30일** 자신감을 북돋우는 글

내가 한 일을
누가 칭찬해 주지 않아도
나 스스로 만족하면
충분히 의미가 있어요.
나를 기쁘게 하는 게
가장 가치 있는 일이에요.

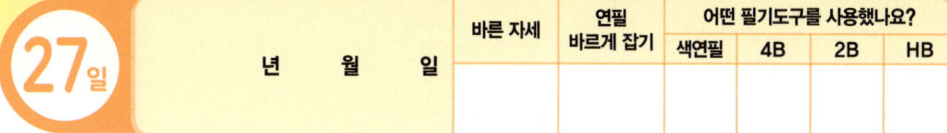

| | 년 월 일 | 바른 자세 | 연필 바르게 잡기 | 어떤 필기도구를 사용했나요? | | | |
|---|---|---|---|---|---|---|---|
| | | | | 색연필 | 4B | 2B | HB |
| | | | | | | | |

글의 뜻을 생각하며 천천히 바른 글씨로 따라 써 봐요.

내 마음을 가장 잘 아는
사람은 바로 나예요.
그래서 친구가 흉보아도
오해해도 견딜 수 있어요.
내가 나에게 당당하다면요.

글의 뜻을 생각하며 천천히 바른 글씨로 따라 써 봐요.

친구가 미울 때가 있어요.

괜찮아요.

그런 감정도 자연스러운 거예요.

대신 친구에게 미워한다고
말하지는 않아요.

친구를 배려해서 말하지 않는 것도
예의니까요.

| 28일 | 년 월 일 | 바른 자세 | 연필 바르게 잡기 | 어떤 필기도구를 사용했나요? | | | |
|---|---|---|---|---|---|---|---|
| | | | | 색연필 | 4B | 2B | HB |

글의 뜻을 생각하며 천천히 바른 글씨로 따라 써 봐요.

친구가 내 흉을 보았대요.

마음에 찬 바람이 불었어요.

하지만 그렇다고 내가 달라지지는 않아요.

나를 몰라본다고 작아지지 않아요.

나는 언제나 변치 않는 한 그루 나무입니다.

글의 뜻을 생각하며 천천히 바른 글씨로 따라 써 봐요.

❀

아무것도 하기 싫은 날이 있어요.

그러면 가만가만 산책을 해요.

걷다 보면 하기 싫은 나를 이해하게 돼요.

다시 하고 싶은 마음이 들어요.

휴식은 나를 일어서게 해요.

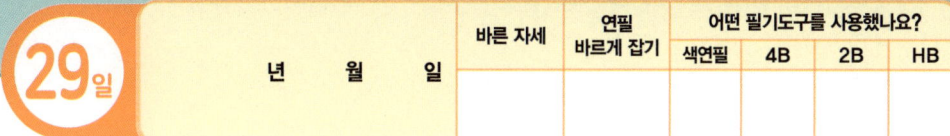

글의 뜻을 생각하며 천천히 바른 글씨로 따라 써 봐요.

속상하면 속상하다고 해요.
화가 나면 화가 난다고 해요.
기쁘면 기쁘다고 해요.
말로 표현하면 감정들이
나에게 친절해져요.
잘 들여다봐 주면 다정해져요.

글의 뜻을 생각하며 천천히 바른 글씨로 따라 써 봐요.

남들보다 느려서 속상할 때가 있어요.

하지만 누구나 걸음걸이가 다르듯,

나도 나만의 걸음으로 걷고 있어요.

조바심이 나면 하늘을 봐요.

세상의 별은 어디를 걷는 사람이든

똑같이 바라보며 축복해 줘요.

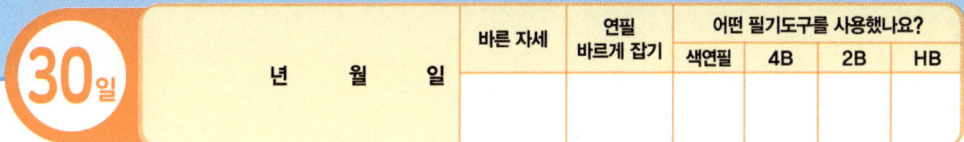

| 30일 | 년 월 일 | 바른 자세 | 연필 바르게 잡기 | 어떤 필기도구를 사용했나요? | | | |
|---|---|---|---|---|---|---|---|
| | | | | 색연필 | 4B | 2B | HB |

글의 뜻을 생각하며 천천히 바른 글씨로 따라 써 봐요.

때로 보이지 않는 것들의 힘을 생각해요.
이 세상에는 사랑, 정의, 평화처럼
보이지는 않지만 마음으로 느껴지는
소중한 것들이 많아요.
눈에 보이는 것 말고 보이지 않는 것도
기억하며 살아요.

글의 뜻을 생각하며 천천히 바른 글씨로 따라 써 봐요.

★ 이 책에서 따라 쓰는 어린이책 제목과 문장 출처

*해당 출판사의 허락을 받아 실었습니다.

**70~73쪽**

《블랙아웃》(박효미 글/한겨레아이들)
《마법의 설탕 두 조각》(미하엘 엔데 글/소년한길)
《댕기머리 탐정 김영서》(정은숙 글/뜨인돌어린이)
《만복이네 떡집》(김리리 글/비룡소)
《굿모닝, 굿모닝?》(한정영 글/미래아이)
《엄마가 사라진 날》(고정욱 글/한솔수북)
《마당을 나온 암탉》(황선미 글/사계절)
《화요일의 두꺼비》(러셀 에릭슨 글/사계절)
《별이 된 라이카》(박병철 글/한솔수북)
《오깜빡 선생님과 노빵점 교실》(이란실 글/파스텔하우스)

**94~101쪽**

《투명 의자》(윤해연 글/별숲)
《한밤중 달빛 식당》(이분희 글/비룡소)
《내 이름을 불렀어》(이금이 글/해와나무)
《길모퉁이 행운돼지》(김종렬 글/다림)
《컵 고양이 후루룩》(보린 글/낮은산)
《댕기머리 탐정 김영서》(정은숙 글/뜨인돌어린이)
《녹색 인간》(신양진 글/별숲)
《우리는 닭살 커플》(김리리 글/비룡소)
《똘복이가 돌아왔다》(이경순 글/마주별)
《사라진 아이들》(남찬숙 글/문학동네어린이)
《오깜빡 선생님과 노빵점 교실》(이란실 글/파스텔하우스)

파스텔 창조책 01

**바른 글씨 | 마음 글씨**

초판 발행 2022년 4월 19일
개정판 1쇄 발행 2025년 7월 11일
글 구성 오현선   그림 양소이
기획편집 최문영   디자인 스튜디오 서로   제작 공간
독자기획 김하늬(곽리재), 김현화(최하음, 최하준), 박정윤(옥승민, 옥지수), 정보라(이지민), 최순지(김나은)
펴낸이 최문영   펴낸곳 파스텔하우스   출판등록 제2020-000247호(2020년 9월 9일)
주소 04038 서울특별시 마포구 잔다리로 48, 3층
전화 02-332-2007   팩스 02-6007-1151   이메일 pastelhousebook@naver.com
ISBN 979-11-94098-05-8 73640

글 구성 ⓒ 오현선

잘못 만들어진 책은 서점에서 바꾸어 드립니다.
이 책은 저작권법에 따라 보호받는 저작물이므로 무단 전재와 무단 복제를 금합니다.
이 책의 전부 또는 일부를 이용하려면 반드시 저작권자와 출판사의 서면 동의를 받아야 합니다.

네이버 블로그 pastelhousebook 인스타그램 @pastelhousebook
다양한 책 이벤트에 참여하고, 독후 활동 자료도 받으세요.
어린이 독자님의 의견과 질문을 언제나 환영합니다.

 제품명 아동도서   주의사항 종이에 베이거나 긁히지 않도록 조심하세요.
제조사명 파스텔하우스   책 모서리가 날카로우니 던지거나 떨어뜨리지 마세요.
제조국명 한국   KC마크는 이 제품이 공통안전기준에 적합하였음을
사용연령 4세 이상   의미합니다.